'1002
quotations
translated
into
French'

Kit Bett

Acknowledgements

I would like to thank **Véronique Davis** (Tutor in French at the University of Oxford Language Centre) for her help with the Translation.

I would also like to thank **kwintessential.co.uk**.

Finally, I would like to thank **John Dickinson** for his help with the publication of this book.

© Kit Bett 2016

The moral rights of the author have been asserted

All rights reserved.

No part of this publication may be reproduced, stored in a retrieval system, or transmitted, in any form or by any means, without the prior permission in writing of the publisher, or as expressly permitted by law, or under terms agreed with the appropriate reprographics rights organization.

ISBN 978-1-326-80859-4

1 We are here on earth to do good to others. What the others are here for I've no idea.

   Nous sommes sur terre pour faire le bien des autres. Pourquoi les autres sont-ils sur terre ? Je n'en ai aucune idée. *John Foster Hall*

2 If God had intended us to fly, he would have made it easier to get to the airport.

   Si Dieu avait voulu que nous volions il aurait simplifié les moyens de se rendre à l'aéroport. *George Winters*

3 The first piece of baggage on the carousel belongs to nobody.

   Le premier bagage sur le tapis roulant n'appartient jamais à personne. *Erma Brombek*

4 After the game is over the King and the Pawns go in the same box.

   Quand la partie est terminée, le roi et les pions vont dans la même boîte. *Italian Proverb*

5 The best cure for sea-sickness is to sit under a tree.

   Le meilleur remède contre le mal de mer est de s'asseoir sous un arbre. *Spike Milligan*

6 One must have a heart of stone to read the death of Little Nell without laughing.

Il faut avoir un cœur de pierre pour lire la mort de la Petite Nell sans rire.

Oscar Wilde

7 Thank you madam, the agony is somewhat abated.

Je vous remercie Madame mais ma souffrance est quelque peu apaisée.

Thomas Babington Macaulay, aged 4

8 A gentleman need not know Latin, but at least he should have forgotten it.

Un gentleman n'a pas besoin de connaître le Latin mais il devrait au moins l'avoir perdu.

Brander Mathews

9 Women who can, do, those who can't become feminists.

Les femmes qui peuvent, le font, celles qui ne peuvent pas deviennent féministes.

Anon

10 A fly, Sir, may sting a stately horse and make him wince; but one is but an insect, and the other is still a horse.

Monsieur, une mouche peut piquer un cheval majestueux et le faire tressaillir ; mais l'un n'est qu'un insecte et l'autre toujours un cheval.

Samuel Johnson

11 It was very good of God to let Carlyle and Mrs Carlyle marry one another and so make only two people miserable instead of four.

Dieu fut infiniment bon de laisser Carlyle et Mme Carlyle se marier, permettant ainsi à deux êtres d'être malheureux plutôt que quatre.

Samuel Butler II

12 The misery of a child is interesting to a mother, the misery of a young man is interesting to a young woman, the misery of an old man is interesting to no one.

Le malheur d'un enfant intéresse la mère, le malheur d'un jeune homme intéresse la jeune femme, le malheur d'un vieil homme n'intéresse personne.

Eric Hoffer

13 The aristocracy in a republic is like a chicken whose head has been cut off: it may still run around but it is in fact dead.

L'aristocratie dans une république est comme une poule dont on a coupé la tête : elle peut toujours courir mais en fait elle est morte.

Nancy Mitford

14 Life is too short to learn German.

La vie est trop courte pour apprendre l'Allemand.

Oscar Wilde

15 I guarantee that if there was a society to rid the world of bastards, in six months the bastards would take it over.

Je vous garantie que si une société fut mise sur pied pour éliminer tous les salauds sur terre, dans six mois, les salauds en prendraient les commandes.

Gar Alperovitz

16 One fifth of the people are against everything all the time.

Un cinquième de la population est contre tout, tout le temps.

Robert Kennedy

17 When self-indulgence has reduced a man to the shape of Lord Hailsham, sexual continence involves no more than a sense of the ridiculous.

Quand la goinfrerie de Lord Hailsham lui a donné sa silhouette, la chasteté ne demande rien de plus que le sens du ridicule.

Reginald Paget

18 Politicians who complain about the media are like ships captains who complain about the sea.

Les politiciens qui se plaignent des médias sont comme les capitaines de navires qui se plaignent de la mer.

Enoch Powell

19 When they circumcised Herbert Samuel they threw away the wrong bit.

Lorsqu'Herbert Samuel s'est fait circoncire, ils ont jeté le mauvais morceau.

David Lloyd George

20 Civil Servants have a difficulty for every solution.

Les fonctionnaires ont une difficulté pour chaque solution.

Ray Weekes

21 Reader, suppose you were an idiot and suppose you were a member of Congress – but I repeat myself.

Lecteur, imaginez que vous êtes idiot et imaginez que vous êtes membre du Congrès – mais je me répète.
Mark Twain

22 Coolidge has died. How can they tell?

Coolidge est mort. Comment peuvent-ils le savoir ?
Dorothy Parker

23 If Kitchener was not a great man, he was at least a great poster.

Si Kitchener n'était pas un grand homme tout du moins faisait-il un bon poster.
Elizabeth Bibesca

24 An editor is one who separates the wheat from the chaff, and prints the chaff.

Un rédacteur en chef est celui qui sépare le bon grain de l'ivraie et imprime l'ivraie.
Adlai Stevenson

25 You could tell by his conversation which volume of the Encyclopaedia Britannica he had been reading.

A sa conversation on pouvait savoir quel volume de l'Encyclopédie Britannica il lisait.
Bertrand Russell

26 The ratio of literacy to illiteracy is constant, but nowadays the illiterates can read and write.

La proportion d'alphabètes et d'analphabètes est constante mais de nos jours, les analphabètes savent lire et écrire.
Alberto Moravia

27 Read over your compositions, and wherever you meet with a passage which you think is particularly fine, strike it out.

Lisez ce que vous avez écrit et dès lors que vous voyez un passage qui vous parait particulièrement brillant, rayez-le.
Samuel Johnson

28 So boring you fall asleep half way through her name. (Ariana Huffington-Stasinopoulos)

Elle est tellement ennuyeuse que vous vous endormez avant d'avoir prononcé son nom.
Alan Bennett

29 Thomas Gray walks as if he had fouled his small-clothes and looks as if he smelt it.

Thomas Gray marche comme s'il avait fait dans sa culotte et a l'air d'avoir reniflé celle-ci.
Christopher Smart

30 He had Van Gogh's ear for music.

En musique, il avait l'oreille de Van Gogh.
Billy Wilder

31 I don't want to see plays about rape, sodomy and drug addiction. I can get all that at home.

Je ne veux pas voir de pièces sur le viol, la sodomie et la drogue ; je peux avoir tout ça à la maison.
Peter Cook

32 The majestic egalitarianism of the law which forbids rich and poor alike to sleep under bridges, to beg in the streets and to steal bread.

L'égalitarisme grandiose de la loi qui défend indifféremment aux riches et aux pauvres de dormir sous les ponts, de mendier dans la rue et de voler du pain.
Anatole France

33 She's the sort of woman who lives for others – you can tell the others by their hunted expression.

C'est le genre de femme qui vit pour les autres – vous pouvez en juger par l'air traqué de ces derniers.
C S Lewis

34 A definition of waste: a coachload of lawyers going over a cliff with three empty seats.

Définition d'une opportunité manquée : un car d'avocats tombant du haut d'une falaise avec trois sièges vides.
Lamar Hunt

35 The Puritan hated bear-baiting not because it gave pain to the bear, but because it gave pleasure to the spectators.

Les Puritains haïssaient les combats d'ours non pas parce qu'ils étaient douloureux pour l'ours mais parce qu'ils faisaient plaisir aux spectateurs.
Thomas Babington Macaulay

36 Accustomed to public speaking, I know the futility of it.
Étant habitué à parler en public, j'en sais la futilité.

Franklin P Adams

37 "Whom are you?" he cried, for he had been to night school.
« Qui est-ce qui soyez-vous ? » dit-il, car il était allé au cours du soir.

George Ade

38 O Lord, give me chastity and self-restraint, but do not give it yet.
Dieu donne-moi chasteté et retenue mais pas tout de suite.

St Augustine

39 It is unfortunate, considering that enthusiasm moves the world, that so few enthusiasts can be trusted to speak the truth.
Sachant que l'enthousiasme fait tourner le monde il est dommage de ne pas pouvoir faire confiance à plus d'enthousiastes.

Arthur James Balfour

40 She was a large woman who seemed not so much dressed as upholstered.
C'était une femme forte qui avait l'air d'être tapissée plutôt qu'habillée.

J M Barrie

41 Love is the delightful interval between meeting a beautiful girl and discovering that she looks like a haddock.
L'amour est le délicieux intervalle entre la rencontre d'une belle fille et découvrir qu'elle ressemble à un haddock.

John Barrymore

42 I do most of my work sitting down; that's where I shine.
Je fais la majorité de mon travail en restant sur mon postérieur C'est là où je brille.

Robert Benchley

43 An abstainer: a weak person who yields to the temptation of denying himself a pleasure.
Un abstinent : une personne faible qui cède à la tentation de se priver d'un plaisir.

Ambrose Bierce

44 Here lies Kit Bett. Who?

Ci-gît Kit Bett. Qui ?

Kit Bett

45 The success of many books is due to the affinity between the mediocrity of the author's ideas and those of the public.

Le succès de bien des livres vient des affinités entre la médiocrité des idées de l'auteur et de celles des lecteurs.

Nicolas Chamfort

46 If you are afraid of loneliness, do not marry.

Si la solitude vous effraie, ne vous mariez pas.

Anton Chekhov

47 Education is what remains when we have forgotten all that we have been taught.

L'éducation est ce qui nous reste lorsque nous avons oublié tout ce qu'on nous a appris.

Albert Einstein

48 I have tried in my time to be a philosopher; but, I don't know how, cheerfulness was always breaking in.

J'ai essayé maintes fois de devenir philosophe mais sans savoir pourquoi, la jovialité a toujours pris le dessus.

Oliver Edwards

49 Every hero becomes a bore at last.

Tout héros fini par devenir ennuyeux.

Ralph Waldo Emerson

50 No people do so much harm as those who go about doing good.

Il n'y a pas plus nuisible qu'un bon samaritain.

Mandell Creighton

51 Despite being born in a log-cabin, he never became president.

Bien qu'étant né dans une cabane en bois, il ne devint jamais président.

Clifton Fadiman

52 The more you say, the less people remember.

Plus vous en dites, moins les gens s'en souviennent.

François Fénelon

53 She laughs at everything you say because she has good teeth.
Elle rit en écoutant tout ce que vous dites parce qu'elle a de belles dents.
Benjamin Franklin

54 Genius is the talent of a man who is dead.
Le génie est le talent de l'homme qui est mort.
Carl Sandberg

55 The people is that part of the state that does not know what it wants.
Le peuple est cette partie de l'État qui ne sait pas ce qu'il veut.
Georg Hegel

56 I do not know if she was virtuous, but she was ugly, and with women that is half the battle.
Je ne sais pas si elle était vertueuse, mais elle était laide, et chez une femme, c'est déjà ça de gagné.
Heinrich Heine

57 Reading is sometimes an ingenious device for avoiding thought.
Lire est parfois un moyen ingénieux pour éviter de penser.
Arthur Helps

58 Never wrestle with a pig. You get dirty and besides the pig likes it.
Il ne faut jamais se battre avec un cochon. On se salit et en plus, le cochon aime ça.
George Bernard Shaw

59 A high-brow is the kind of person who looks at a sausage and thinks of Picasso.
Un intellectuel est quelqu'un qui regarde une saucisse et pense à Picasso.
A P Herbert

60 Charity is the sterilized milk of human kindness.
La charité est le lait stérilisé de l'humanité.
Oliver Herford

61 To lisp: to call a spade a thpade.
Zozoter : appeler un chat un ça.
The Benedictines

62 Women have a good sense of right and wrong, but a bad sense of right and left.

Les femmes ont le sens inné du bien et du mal, mais pas celui de droit et de gauche.

Anon

63 She could commit adultery at one end and weep for her sins at the other.

Elle pouvait commettre l'adultère d'un bout et pleurer sur ses péchés de l'autre.

Joyce Cary

64 Economy is doing without something you do want, in case you should some day want something which you probably won't want.

Économiser consiste à se passer de quelque chose que vous voulez au cas où un jour vous voudriez quelque chose que vous ne voudrez probablement pas.

Anthony Hope

65 A friend that ain't in need is indeed a friend.

Un ami qui n'est pas dans le besoin est véritablement un ami.

Kin Hubbard

66 The louder he talked of his honour, the faster we counted our spoons.

Plus il parlait de son honnêteté, plus nous devenions suspicieux.

Ralph Waldo Emerson

67 It is always the best policy to speak the truth – unless of course you are an exceptionally good liar.

Il est toujours mieux de dire la vérité, à moins que vous ne soyez un excellent menteur.

Jerome K Jerome

68 He is not only dull himself, but the cause of dullness in others

Ennuyeux de nature, il est aussi responsable de l'ennui des autres.

Samuel Johnson

69 I am a great believer in luck, and I find the harder I work the more I have of it.

Je suis un grand partisan de la chance et je trouve que plus je travaille dur, plus j'ai de la chance.

Thomas Jefferson

70. If this is coffee, please bring me some tea; but if this is tea, please bring me some coffee.

    Si c'est du café, veuillez je vous prie m'apporter du thé ; mais si c'est du thé, veuillez m'apporter du café s'il vous plaît.

    Abraham Lincoln

71. A Christian is a man who asks/ Forgiveness on a Sunday/ For what he did on Saturday/ And is going to do on Monday.

    Un Chrétien est un homme qui demande le pardon dimanche pour ce qu'il a fait samedi et ce qu'il fera lundi.

    Thomas Ybarra

72. And so we plough along, as the fly said to the ox.

    Labourons donc ensemble, dit la mouche au bœuf.

    Henry Wadsworth Longfellow

73. Whatever you may be sure of, be sure of this: that you are dreadfully like other people.

    Quelques soient vos certitudes, soyez certain de ceci : vous êtes terriblement semblable aux autres.

    Thomas Russel Lowell

74. Men love women, women love children, children love hamsters.

    Les hommes aiment les femmes, les femmes aiment les enfants, les enfants aiment les hamsters.

    Alice Thomas Ellis

75. We know of no spectacle so ridiculous as the British public in one of its periodical fits of morality.

    Nous ne connaissons rien de plus ridicule que les Britanniques en pleine crise de moralité.

    Thomas Babington Macaulay

76. The Anglo-Saxon conscience does not prevent the Anglo-Saxon from sinning; it merely prevents him from enjoying his sin.

    La conscience anglo-saxonne n'empêche pas l'Anglo-Saxon de pécher ; elle l'empêche simplement de prendre du plaisir à pécher.

    Salvador De Madariaga

77 If you want to get rich, write the sort of thing that's read by persons who move their lips when reading.

Si vous voulez devenir riche, écrivez des choses que lisent ceux qui bougent la bouche en lisant.
Don Marquis

78 Hamlet is the tragedy of tackling a family problem too soon after college.

Hamlet est la tragédie d'avoir à affronter un problème familial trop tôt après avoir été à l'université.
Thomas Lansing Masson

79 She poured a little social sewage into his ears.

Elle déversa quelques ordures sociales dans ses oreilles.
George Meredith

80 Oh wad some power the giftie gie us/ To see some folk before they see us.

Ô le Tout Puissant nous donne le pouvoir de voir certaines personnes avant qu'elles nous voient.
Ethel Watts Mumford

81 In the beginning was nonsense, and the nonsense was with God, and the nonsense was God.

Au début il y avait l'absurdité, et l'absurdité était avec Dieu, et l'absurdité était Dieu.
Friedrich Nietzsche

82 I'm giving up reading books; I find it takes my mind off myself.

J'arrête de lire des livres ; Je trouve qu'ils m'empêchent de penser à moi-même.
Anon

83 Chaste is she whom no one has asked.

Une femme chaste est une femme à qui on n'a pas demandé.
Ovid

84 Treason never prospers. What's the reason?/ For if it prospers, none dare call it treason.

La trahison ne prospère jamais. Mais quelle en est la raison ? Parce que si elle prospère, on ne peut l'appeler trahison.
John Harrington

85 To be a real philosopher one must be able to laugh at philosophy.

Pour être un vrai philosophe il faut pouvoir rire de la philosophie.

Blaise Pascal

86 This is the final test of a gentleman: his respect for those who can be of no possible service to him.

L'ultime test pour un gentleman : respecter ceux qui ne lui sont d'aucune utilité.

William Lyn Phelps

87 No man in the world has more courage than the man who can stop after eating one peanut.

Il n'y a pas plus courageux qu'un homme qui peut s'arrêter de manger des cacahuètes après la première.

Channing Pollock

88 I'm afraid you've got a bad egg Mr Jones. Oh no my lord, parts of it are excellent.

Je crains que vous n'ayez un mauvais œuf, M. Jones. Oh non mon évêque, certaines parties sont excellentes

Punch

89 O Lord, if there is a Lord, save my soul, if I have a soul.

Oh mon Dieu, s'il y a un Dieu, sauve mon âme, si j'ai une âme.

Ernest Rennan

90 I am only an average man but, by George, I work harder at it than the average man.

Je suis simplement un homme normal, mais bon sang de bon soir, cela me demande plus de travail qu'à l'homme normal.

Theodore Roosevelt

91 The race is not always to the swift, nor the battle to the strong – but that is the way to bet.

La course n'est pas toujours l'apanage d'une personne rapide ni la bataille de celle qui a la force mais c'est sur cela qu'il faut parier.

Damon Runyon

92 There is hardly anything in the world that some man cannot make a little worse and sell a little cheaper.

Il n'y a pratiquement rien au monde qu'un homme ne puisse faire un peu moins bien et vendre un peu moins cher.
John Ruskin

93 If it is not necessary to do something, it is necessary not to do it.

S'il y a quelque chose qu'il n'est pas nécessaire de faire, il est nécessaire de ne pas le faire.
Anon

94 The more I see of men the more I admire dogs.

Plus je connais les hommes, plus j'admire les chiens.
Madame de Stael

95 Martyrdom is the only way a man can become famous without ability.

Le martyr est le seul moyen pour un homme sans talent de devenir célèbre.
George Bernard Shaw

96 The greater the philosopher, the harder it is for him to answer the questions of the average man.

Plus un philosophe est éminent, plus il lui est difficile de répondre aux questions d'un homme ordinaire.
Henryk Sienkiewiez

97 Hearts that are delicate and kind and tongues that are neither – these make the finest company in the world.

Les personnes qui sont de la plus agréable compagnie au monde sont celles qui ont un cœur sensible et une langue franche.
Logan Pearsall Smith

98 There is not the least use preaching to anyone unless you can catch them when they are ill.

Faire la morale à qui que ce soit n'est d'aucune utilité à moins que vous le fassiez au moment où la personne est malade.
Sydney Smith

99 Call no man unhappy till he be married.

Ne dites pas d'un homme qu'il est malheureux jusqu'à ce qu'il se marie.
Socrates

100 All religions are founded on the fear of the many and the cleverness of the few.

Toute religion est basée sur la peur de nombreuses personnes et sur l'intelligence de quelques-unes.

Stendahl

101 In order to avoid being called a flirt, she always yielded easily.

Pour qu'on ne la traite pas de dragueuse, elle cédait toujours facilement.

Talleyrand

102 Well, if I called the wrong number, why did you answer the phone?

Ben si j'ai appelé le mauvais numéro, pourquoi avez-vous répondu ?

James Thurber

103 A banker is a fellow who lends you his umbrella when the sun is shining and wants it back the minute it begins to rain.

Un banquier est un homme qui vous prête son parapluie quand le soleil brille et qui veut le récupérer aussitôt qu'il commence à pleuvoir.

Mark Twain

104 If God did not exist, it would be necessary to invent him.

Si Dieu n'existait pas, il faudrait l'inventer.

Voltaire

105 The art of writing is the art of applying the seat of the pants to the seat of the chair.

L'art de l'écriture est l'art de fusionner le fond de son pantalon avec l'assise de la chaise.

Mary Heaton Vorst

106 Aziz Ezzet, a gentleman of importance in Egypt, says his name can be pronounced by opening a soda bottle slowly.

Aziz Ezzet, un homme important en Égypte, dit que son nom peut se prononcer en ouvrant lentement une bouteille de soda.

Harry V Wade

107 Summer has set in with its usual severity.

L'été s'est installée avec sa sévérité habituelle.

Samuel Taylor Coleridge

108 It is annoying to be honest to no purpose.

Il est énervant d'être honnête sans bonne raison.

Ovid

109 It is a pity that Chawcer, who had geneyus, was so unedicated; he's the wuss speller I know of.

C'est dommage que Chawcer, qui était un jaini mais qui était telment innéduké. Il avait lapire ortograffe que geai jamai vu.

Artemus Ward

110 For people that like this kind of book, this is the kind of book they will like.

Pour les gens qui aiment ce genre de livre, c'est le genre de livre qu'ils aimeront.

Anon

111 Most audiences sit through Shakespeare in order to recognize the quotations.

En général le public endure une pièce de Shakespeare afin de reconnaître les citations.

Orson Welles

112 A reasonable amount of fleas is good for a dog; keeps him from brooding over being a dog.

Un certain nombre de puces est bon pour un chien ; ça lui permet d'éviter de se lamenter sur son sort de chien.

Edward Noyes Westcott

113 When people agree with me I always feel that I must be wrong.

Quand quelqu'un est d'accord avec moi j'ai toujours l'impression d'avoir tort.

Oscar Wilde

114 I could see that, if not actually disgruntled, he was far from being gruntled.

Je remarquais que, s'il n'était pas vraiment mécontent, il était loin d'être content.

P G Wodehouse

115 How long do you suppose the meek will keep the earth after they've inherited it?

Combien de temps pensez-vous que les humbles garderont la terre après en avoir hérité ?

Anon

15

116 It is the perpetual boast of the Englishman that he never brags.

L'Anglais se vante constamment de ne jamais se vanter.

Wyndham Lewis

117 Imprisoned in every fat man, a thin one is wildly signalling to be let out.

Dans tout gros il y a un mince qui ne demande désespérément qu'à sortir.

Cyril Connolly

118 Why do you laugh, sir? Have I said something you understand?

Pourquoi riez-vous Monsieur ? Ai-je dit quelque chose que vous avez compris ?

Samuel Johnson

119 People hardly ever make use of freedom of thought; they are too busy demanding freedom of speech.

Les gens utilisent rarement la liberté de penser ; ils sont trop occupés à demander la liberté d'expression.

Soren Kirkegaard

120 The only antidote to mental suffering is physical pain.

Le seul antidote à la souffrance mentale est la douleur physique.

Karl Marx

121 Melancholy should be diverted by every means but drinking.

La mélancolie devrait être détournée par tous les moyens sauf par la boisson.

Samuel Johnson

122 We are never so happy or so unhappy as we think.

On n'est jamais aussi heureux ou aussi malheureux que l'on pense.

La Rochefoucauld

123 A peasant and a philosopher may be equally satisfied, but not equally happy. Happiness consists in the multiplicity of agreeable consciousness.

Un paysan et un philosophe peuvent être aussi satisfaits l'un que l'autre mais pas heureux de la même façon. Le bonheur consiste en la multiplicité de consciences plaisantes

Samuel Johnson

124 Fanaticism consists in redoubling your effort when you have forgotten your aim.

Le fanatisme consiste à redoubler les efforts quand on a oublié le but.

George Santayana

125 It is hard to believe that a man is telling you the truth when you know that you would lie if you were in his place.

Il est difficile de croire qu'un homme vous dit la vérité alors que vous savez qu'à sa place vous mentiriez.

H L Mencken

126 What was hard to endure is sweet to recall.

Il est doux de se remémorer ce qu'il fut dur à endurer.

French Proverb

127 Conscience is, in most men, an anticipation of the opinion of others.

Chez la plupart des hommes, la conscience est une anticipation de l'opinion des autres.

Henry Taylor

128 Experience informs us that the first defence of weak minds is to recriminate.

L'expérience nous apprend que la première défense des faibles d'esprit est de récriminer.

Samuel Taylor Coleridge

129 Many forgive injuries but none ever forgave contempt.

Nombreux sont ceux qui pardonnent les blessures mais personne n'a jamais pardonné le mépris.

Benjamin Franklin

130 People who live in châteaux/ Shouldn't throw tomateaux.

Ceux qui vivent dans des châteaux/ Ne devraient pas jeter de gâteaux.

J D Morton

131 One never dives into the water to save a drowning man more eagerly than when there are others present.

On ne se jette jamais à l'eau avec autant d'enthousiasme pour sauver un homme qui se noit que quand il y a d'autres personnes présentes.

Friedrich Nietzsche

132 We refuse praise from a desire to be praised twice.
Notre refus des éloges vient du désir d'être loué deux fois.
La Rochefoucauld

133 Nothing is more unpleasant than a virtuous person with a mean mind.
Il n'y a rien de plus désagréable qu'une personne vertueuse qui est en même temps mesquin.
Walter Bagehot

134 I have called this principle, by which each slight variation, if useful, is preserved, by the term of Natural Selection.
J'ai donné le nom de Sélection Naturelle à cette conservation des différences et des variations individuelles favorables.
Charles Darwin

135 Confronted by outstanding merit in another, there is no way of saving one's ego except by love.
Face aux qualités exceptionnelles de quelqu'un, l'amour est le seul moyen de préserver son propre égo.
Goethe

136 After thirty-five a man begins to have thoughts about women; before that he has feelings.
Après ses trente-cinq ans, l'homme commence à penser aux femmes; avant, il a des sentiments pour elle.
Anon

137 His scorn of the great is repeated too often to be real: no man wastes time thinking about that which he despises.
Son dédain pour les grands noms est trop fréquent pour être sérieux : personne ne perd d'autant de temps avec ce qu'il méprise.
Samuel Johnson

138 The dullard's envy of great men is always assuaged by the thought that they will come to a bad end.
La stupide jalousie envers un grand homme se dissipe toujours à la pensée que celui-ci finira mal.
Max Beerbohm

139 I have so much to do that I'm going to bed.
J'ai tellement à faire que je vais me coucher.
Savoyard Proverb

140 Kindness is in our power, but fondness is not.
La bonté est en notre pouvoir mais la tendresse ne l'est pas.

Samuel Johnson

141 A classic is something that everybody wants to have read and nobody wants to read.
Tout le monde veut avoir lu un grand classique mais personne ne veut en lire.

Mark Twain

142 Perfect courage is doing unwitnessed what we would be capable of with the world looking on.
Le véritable courage consiste à faire sans témoin ce que nous serions capables de faire sous les yeux du monde entier.

La Rochefoucauld

143 Men who pass most comfortably through the world are those who possess good digestions and hard hearts.
Ceux qui traversent avec aisance l'univers sont ceux qui ont une bonne digestion et un cœur de pierre.

Harriet Martineau

144 He that leaveth nothing to chance will do few things ill, but he will do very few things.
Celui qui ne laisse rien au hasard accomplira peu de mauvaises actions, mais il accomplira très peu.

George Savile

145 The greatest reverses of fortune are the most easily borne – from a sort of dignity belonging to them.
Les plus grands revers de fortune sont facilement supportables en raison d'une sorte de dignité qui leur est propre.

William Hazlitt

146 Hope is a poor guide, but a good companion.
L'espoir est mauvais guide mais bon compagnon.

William Porter

147 Hope is a good breakfast, but it is a bad supper.
L'espoir est un bon petit déjeuner mais un mauvais souper

Francis Bacon

148 As it will be in the future, so it was at the birth of Man: There are only three things that are certain since social progress began: That the dog returns to his vomit, and the sow returns to her mire, And the burnt fool's bandaged finger goes wobbling back to the fire.

Ainsi en sera-t-il du futur tout comme à la création de l'homme : Il n'y a que trois choses certaines depuis que le progrès social a commencé : Le chien reviendra à son vomi, la truie reviendra à son bourbier, et le doigt brûlé du pauvre imbécile retournera, en chancelant, au feu.

Rudyard Kipling

149 One does not hate so long as one despises.

On ne peut haïr celui que l'on méprise.

Friedrich Nietzsche

150 There is as much difference between us and ourselves as between us and others.

Il y a autant de différence entre nous et nous-mêmes qu'il y en a entre nous et les autres.

Michel de Montaigne

151 There may be said to be two classes of people in this world: those who divide the people of the world into two classes, and those who do not.

On pourrait dire qu'il y a deux sortes de classes en ce monde : celle qui divise les gens en deux classes et celle qui ne le fait pas.

Robert Benchley

152 The vanity of being known to be trusted with a secret is generally one of the chief motives to disclose it.

La vanité d'être connu comme étant capable de tenir un secret est généralement un des motifs principal de trahir le secret.

Samuel Johnson

153 What is said drunk has been thought out beforehand.

Chose dite une fois saoul a été pensée au préalable.

Flemish Proverb

154 The more waist the less speed.

Plus la taille est épaisse, moins il y a de vitesse.

Anon

155 Silence is the unbearable repartee.

   Le silence est la répartie insupportable.

   G K Chesterton

156 The middle class in England did not wholly lose the habit of going to church until they acquired the motor car.

   Les gens de classe moyenne en Angleterre n'ont pas totalement perdu l'habitude d'aller à l'église jusqu'au moment où ils ont acquis une automobile.

   Charles Williams

157 We learn from history that we do not learn from history.

   L'histoire nous apprend que nous n'apprenons rien de l'histoire.

   Georg Hegel

158 He who begins by loving Christianity better than truth will proceed by loving his own sect of church better than Christianity and end in loving himself better than all.

   Celui qui commence à aimer la Chrétienté plus que la vérité finira par aimer sa propre secte religieuse plus que la Chrétienté et par s'aimer par tout.

   Samuel Taylor Coleridge

159 O God, for as much as without thee,/ We are not enabled to doubt thee,/ Help us by thy grace/ To convince the whole race/ It knows nothing whatever about thee.

   Oh Dieu, même si sans toi nous sommes incapables de douter de toi, aide-nous par ta grâce à convaincre l'humanité qu'elle ne sait absolument rien de toi.

   Ronald Knox

160 "Heaven help me," she prayed, "to be decorative and to do right."

   "Grand Dieu aidez-moi", pria-t-elle, "d'être décorative et de faire le bien"

   Ronald Firbank

161 Heredity is nothing but stored environment.

   L'hérédité n'est que de l'environnement emmagasiné.

   Luther Burbank

162 What does not destroy me makes me stronger.
     Ce qui ne me détruit pas me rend plus fort.
     Friedrich Nietzsche

163 Never trust a man who speaks well of everybody.
     Ne faites jamais confiance à un homme qui dit du bien de tout le monde.
     John Churton Collins

164 Women's intuition is the result of hundreds of thousands of years of not thinking.
     L'intuition féminine est le résultat de centaines de milliers d'années à ne pas penser.
     Anon

165 When in doubt, tell the truth.
     En cas de doute, dites la vérité.
     Mark Twain

166 It is only shallow people who do not judge by appearances.
     Il n'y a que les gens superficiels qui ne jugent pas sur les apparences.
     Oscar Wilde

167 Nothing is more hopeless than a scheme of merriment.
     Il n'y a pas plus nul qu'une joie programmée.
     Samuel Johnson

168 Many promising reconciliations have broken down because, while both parties came prepared to forgive, neither party came prepared to be forgiven.
     Beaucoup de réconciliations prometteuses ont échoué parce que les deux côtés étaient prêts à pardonner mais aucun n'était prêt à être pardonné.
     Charles Williams

169 The little stations are very proud because the expresses have to go through them.
     Les petites gares sont très fières car les trains express doivent les traverser.
     Karl Kraus

170 Injustice is relatively easy to bear; it is justice that hurts.
   L'injustice est relativement facile à supporter ; c'est la justice qui fait mal.
   H L Mencken

171 One can always be kind to people about whom one cares nothing.
   On peut toujours être bon avec ceux qui ne comptent pas pour nous.
   Oscar Wilde

172 Thou shalt not kill, but need'st not strive/ Officiously to keep alive.
   Tu ne tueras point mais pas besoin de faire du zèle pour garder vivant.
   Arthur Hugh Clough

173 It is seldom that the miserable can help regarding their misery as a wrong inflicted upon them by those who are less miserable.
   Il est rare que les malheureux puissent s'empêcher de considérer leur malheur comme une injustice leur étant infligée par ceux qui sont moins malheureux qu'eux.
   George Eliot

174 If a man hears much that a woman says, she is not beautiful.
   Si un homme entend une grande partie de ce que dit une femme, celle-ci n'est pas belle.
   M Louise Haskins

175 I might give my life for a friend, but he had better not ask me to do up a parcel.
   Je pourrais donner ma vie à un ami, mais il ferait mieux de ne pas me demander de lui aider emballer un paquet.
   Logan Pearsall Smith

176 No one has ever loved the way everyone wants to be loved.
   Personne n'a jamais été aimé de la manière que nous aimerions tous être aimés.
   Mignon de Laughlin

177 One of the first duties of a physician is to educate the masses not to take medicine.
   Un des premiers devoirs du médecin est d'éduquer le peuple à ne pas prendre de médicaments.
   Sir William Osler

178 People who live in stone houses shouldn't throw glass.

Les gens qui habitent les maisons en pierre/ Ne doivent pas jeter des objets en verre.

Anon

179 Is it progress if a cannibal uses a knife and fork?

Est-ce le progrès si un cannibale se sert d'une fourchette et d'un couteau ?

Stanislav Jerzy Lec

180 Happy those people whose annals are boring to read.

Heureux sont ceux dont les annales sont fastidieuses à lire.

Michel de Montesquieu

181 The purity of a revolution lasts a fortnight.

La pureté d'une révolution dure une quinzaine de jours.

Jean Cocteau

182 Thank heavens the sun has gone in and I don't have to go out and enjoy it.

Dieu merci, le soleil est rentré et je n'ai pas à sortir pour en profiter.

Logan Pearsall Smith

183 Courage is a quality so necessary for maintaining virtue that it is always respected, even when it is associated with vice.

Le courage est une qualité tellement nécessaire pour préserver la vertu qu'il inspire toujours le respect, même lorsqu'il est associé au vice.

Samuel Johnson

184 There are several good protections against temptation, but the surest is cowardice.

Nombreuses sont les bonnes protections contre la tentation mais la plus sûre est la lâcheté.

Mark Twain

185 A woman will always sacrifice herself if you give her the opportunity. It is her favourite form of self-indulgence.

Une femme se sacrifiera toujours si elle en a l'occasion. C'est le meilleur moyen qu'elle a de se faire plaisir.

W Somerset Maugham

186 If a thing is worth doing, it is worth doing badly.
Si une chose mérite d'être faite, elle mérite d'être mal faite.
G K Chesterton

187 If some great catastrophe is not announced every morning, we feel a certain void. "Nothing in the paper today," we sigh.
S'il n'y a pas de grande catastrophe annoncée chaque matin, nous ressentons un certain vide. "Il n'y a rien dans le journal aujourd'hui", soupirons-nous.
Paul Valery

188 A fact in science is not a mere fact, but an instance.
En science, un fait n'est pas un simple fait mais un exemple.
Bertrand Russell

189 The artist who is not also a craftsman is no good; but, alas, most or our artists are nothing else.
L'artiste qui n'est pas aussi artisan a peu de talent ; malheureusement, la majorité de nos artistes ne sont que des artisans.
Goethe

190 My idea of heaven is eating pate de foie gras to the sound of trumpets.
Pour moi, le paradis est de manger du foie gras en écoutant des trompettes.
Sydney Smith

191 If it were not for the intellectual snobs who pay – in solid cash – the tribute which philistinism owes to culture, the arts would perish with their starving practitioners. Let us thank heaven for hypocrisy.
Si ce n'étaient pour les snobs intellectuels qui payent – en écus sonnants et trébuchants – le tribut que le philistinisme se devrait de verser à la culture, l'art, tout comme ses praticiens affamés, disparaitraient alors. Remercions le ciel pour l'hypocrisie.
Aldous Huxley

192 Ladies who pursue culture in bands, as though it were dangerous to meet it alone.
Elle fait partie des femmes qui cherchent La Culture en bandes – comme s'il était dangereux de la rencontrer toute seule.
Edith Wharton

193 In the end physics will replace ethics just as metaphysics displaced theology. The modern statistical view of ethics contributes to that.

En fin de compte, la physique remplacera l'éthique, tout comme la métaphysique a pris la place de la théologie. L'opinion statistique moderne sur l'éthique y contribue.

Anon

194 When we discover a natural style we are always surprised and delighted, for we thought to see an author and found a man.

Lorsque l'on découvre un style naturel, nous sommes toujours surpris et ravis car nous pensions avoir eu affaire à un auteur alors que nous étions face à un homme.

Blaise Pascal

195 The difference between journalism and literature is that journalism is unreadable and literature is not read.

La différence entre le journalisme et la littérature, c'est que le journalisme est illisible alors que la littérature, elle, n'est pas lue.

Oscar Wilde

196 The reason why so few good books are written is that so few people who can write know anything.

La raison pour laquelle si peu de bons livres sont écrits c'est que rares sont les personnes qui possèdent à la fois du talent pour l'écriture et des connaissances.

Walter Bagehot

197 Tyrants are always assassinated too late; that is their excuse.

Les tyrans se font toujours assassiner trop tard ; c'est là leur excuse.

Edmund Burke

198 Men who cherish for women the highest respect are seldom popular with them.

Les hommes qui ont le plus grand respect pour les femmes sont rarement populaires auprès de celles-ci.

Joseph Addison

199 Quis custodiet ipsos custodes?

Mais qui gardera ces gardiens ?

Juvenal

200 A dog starved at his master's gate, predicts the ruin of the state.

Un chien affamé au portail de son maître, prédit la ruine de l'État.

William Blake

201 The art of taxation consists in so plucking the goose as to get the most feathers with the least hissing.

L'art de la taxation consiste à plumer l'oie de manière à lui retirer le maximum de plumes et qu'elle criaille le moins possible.

Jean-Baptiste Colbert

202 Nothing doth more hurt in a state than that cunning men pass for wise.

Rien n'est plus dommageable pour un État que lorsque les rusés passent pour des sages.

Francis Bacon

203 An ambitious man is like an ape: the higher he doth climb the more he doth show his arse.

Un homme ambitieux est comme un singe : plus il grimpe, plus il montre son cul.

Anon

204 How small of all that human hearts endure/ That part which kings or laws can cause or cure.

Combien minuscules, parmi tous les tourments du cœur humain,/ Sont ceux que les lois ou les rois peuvent causer ou guérir !

Samuel Johnson

205 Convictions are more dangerous foes of truth than lies.

Les certitudes sont plus dangereuses pour la vérité que ne le sont les mensonges.

Friedrich Nietzsche

206 Only when we know little do we know anything; doubt grows with knowledge.

C'est uniquement lorsque nous savons peu que nous savons quelque chose, le doute s'installe avec le savoir.

Goethe

207 There might actually occur a case where we should say, "This man believes he is pretending."

Il se pourrait que nous rencontrions un cas où nous dirions, « Cet homme croit qu'il fait semblant. »
Anon

208 Hope is itself a species of happiness, and perhaps the chief happiness which this world affords.

L'espoir est lui-même une espèce de bonheur, et peut-être le plus grand bonheur que le monde puisse offrir.
Samuel Johnson

209 The fruits of philosophy are the important thing, not the philosophy itself. When we ask the time, we don't want to know how watches are constituted.

Les fruits de la philosophie sont bien plus importants que la philosophie elle-même. Lorsque nous demandons l'heure, nous ne souhaitons pas savoir comment les montres fonctionnent.
Anon

210 Philosophy, though unable to tell us with certainty what is the true answer to the doubts which it raises, is able to suggest many possibilities which enlarge our thoughts and free them from the tyranny of custom.

Bien que la philosophie ne puisse répondre avec certitude aux doutes qu'elle a fait naître en nous, elle nous propose de nombreuses possibilités qui libèrent nos pensées de la tyrannie des habitudes.
Bertrand Russell

211 There was never yet philosopher that could endure the toothache patiently.

Aucun philosophe, à ce jour, n'a pu supporter patiemment un mal de dents.
William Shakespeare

212 It is a profoundly erroneous truism, repeated by all eminent people when they are making speeches, that we should cultivate the habit of thinking what we are doing. The precise opposite is the case. Civilization advances by extending the number of important operations which we can perform without thinking about them.

Un des truismes singulièrement faux que l'on retrouve chez de nombreux éminents orateurs, est que nous devrions nous efforcer de penser à ce que nous faisons. Nous faisons pourtant exactement l'inverse. La civilisation progresse en augmentant le nombre de choses importantes que nous sommes capables de faire sans y réfléchir.
Alfred North Whitehead

213   I think there is only one quality worse than hardness of heart and that is softness of head.

Je pense qu'il n'y a qu'une qualité pire que la dureté de cœur, c'est la faiblesse d'esprit.
Theodore Roosevelt

214   In relation to their systems most systemizers are like a man who builds an enormous castle and lives in a shack nearby; they do not live in their own enormous systematic buildings.

En ce qui concerne les systèmes, la plupart des systèmistes sont comme des hommes qui construisent d'énormes châteaux et qui vivent dans des cabanes à côté, ils ne vivent pas dans leurs énormes constructions systémiques.
Martin Buber

215   It is better to have loved your wife than never to have loved at all.

Il vaut mieux avoir aimé votre femme que de ne jamais avoir aimé.
Anon

216   How can I tell what I think till I see what I say?

Comment puis-je indiquer à quoi je pense avant d'avoir vu ce dont je parle ?
E M Forster

217   If you can describe clearly, without a diagram, the proper way of making this or that knot, then you are a master of the English tongue.

Si tu es capable de décrire clairement, et sans l'aide d'un dessin, la manière correcte de faire tel ou tel nœud, alors tu maîtrises parfaitement la langue anglaise.
Hilaire Belloc

218   Dreaming permits each and every one of us to be quietly and safely insane every night of our lives.

Les rêves permettent à chacun d'entre nous de se laisser aller à sa folie, silencieusement et sans risque aucun, chaque nuit de notre vie.
William Dement

219   Money destroys base people and fortifies and dignifies **noble** people.

L'argent détruit les petites gens et procure force et dignité aux nobles.
George Bernard Shaw

220 Sleep faster, we need the pillows.

Dormez plus vite, on a besoin des oreillers.

Yiddish Proverb

221 Nine-tenths of the letters in which people speak unreservedly of their inmost feelings are written after ten at night.

Les neuf dixièmes des lettres qui expriment sans réserve les sentiments les plus intimes sont écrites après vingt-deux heures.

Thomas Hardy

222 It must be at least confessed, that to embellish the form of nature is an innocent amusement; and some praise will be allowed, by the most supercilious observer, to him who does best what such multitudes are contending to do well.

Il faut au moins avouer que d'embellir les formes de la nature est un divertissement innocent ; et certaines éloges seront offertes par le plus dédaigneux des observateurs à celui qui fait mieux ce que la plupart d'entre nous tentons de faire convenablement.

Samuel Johnson (on gardening)

223 Travel makes a wise man better but a fool worse.

Les voyages grandissent l'homme sage mais rendent plus stupide l'imbécile.

Benjamin Franklin

224 I know not whether increasing years do not cause us to esteem fewer people and to bear with more.

Je ne sais pas si au fil des années, nous estimons moins de personnes mais en supportons un plus grand nombre.

William Shenstone

225 I met a lady who declared that the sense of being well-dressed gives a woman a feeling of inward tranquillity which religion is powerless to bestow.

J'ai rencontré une femme qui a déclaré que le fait d'être bien habillée donne à une femme une tranquillité interne que la religion est incapable de procurer.

Ralph Waldo Emerson

226 No wise man ever wished to be younger.

Aucun homme sage n'a jamais souhaité être plus jeune.

Jonathan Swift

227 Senescence begins and middle age ends/ The day your descendants outnumber your friends.

La sénescence commence et la fleur de l'âge se termine/ Le jour où vos descendants sont plus nombreux que vos amis.

Ogden Nash

228 Nothing is more beautiful than cheerfulness in an old face.

Rien n'est plus beau que la gaieté sur un vieux visage.

Jean Paul Richter

229 I've never known a person who lived to 110 or more to have been remarkable for anything else.

Je n'ai jamais rencontré personne de 110 ans, ou plus, qui ait su se distinguer pour autre chose que sa longévité.

Josh Billings

230 It is death, and not what comes after death, that men are generally afraid of.

C'est la mort, et non pas ce qui vient après la mort, qui effraie généralement les hommes.

Samuel Butler II

231 Life is a game, the object of which is to discover the object of the game.

La vie est un jeu, dont le but est de découvrir le but du jeu.

Anon

232 We cannot do everything at once, but we can do something at once.

On ne peut pas tout faire tout de suite, mais on peut faire quelque chose tout de suite.

Calvin Coolidge

233 Smoking is one of the leading causes of statistics.

Le tabagisme est l'une des principales causes de statistiques.

Fletcher Knebel

234 When you are over the hill, you pick up speed.

C'est lorsque vous atteignez le sommet que vous prenez de la vitesse.

Arthur Schopenhauer

235 Thrice is he armed that hath his quarrel just – and four times he that gets his fist in fust.

Celui qui a une cause juste est triplement armé et celui qui frappe en premier l'est quadruplement.

Artemus Ward

236 When all else fails, read the instructions.

Lorsque toute autre tentative a échoué, lisez les instructions.

James W Moore

237 You can lead a horse to water; but if you can get him to float on his back, you've got something.

Vous pouvez mener un cheval à l'abreuvoir; mais si vous pouvez l'instruire comment flotter sur le dos, ça c'est vraiment quelque chose.

Hartly's first law

238 It is more shameful to distrust one's friends than to be deceived by them.

Il est plus honteux de se méfier de ses amis que d'être trompé par eux.

Confucius

239 There are few ways in which a man can be more innocently employed than in making money.

Il existe peu de moyens par lesquels un homme peut être employé plus innocemment qu'en faisant de l'argent.

Samuel Johnson

240 First-rate people hire first-rate people. Second-rate people hire third-rate people.

Les personnes de première classe embauchent des personnes de première classe. Les personnes de deuxième classe embauchent des personnes de troisième classe.

Leo Rosten

241 Sex is only dirty if it's done right.

Le sexe n'est cochon que s'il est bien pratiqué.

Woody Allen

242 The trouble with resisting temptation is that it may never come again.

Si on résiste à la tentation, elle risque de ne jamais se représenter.

Edward R Korman

243 To marry a second time represents the triumph of hope over experience.

Se marier une deuxième fois représente le triomphe de l'espoir sur l'expérience.

Samuel Johnson

244 Mathematics is the only science where one never knows what one is talking about nor whether what is said is true.

Les mathématiques sont la seule science où l'on ne sait jamais de quoi on parle ou si ce que l'on dit est vrai.

Bertrand Russell

245 In every hierarchy, whether it be government or business, each employee tends to rise to his level of incompetence; every post tends to be filled by an employee incompetent to execute its duties.

Dans toute hiérarchie, qu'il s'agisse d'un gouvernement ou d'une entreprise, chaque employé atteint généralement son niveau d'incompétence ; chaque poste est généralement occupé par un employé incapable d'exécuter ses tâches.

Laurence J Peter

246 Happiness: Something to do, someone to love, and something to hope for.

Le bonheur : c'est quelque chose à faire, quelqu'un à aimer, et quelque chose à espérer.

Alexander Chalmers

247 Efficiency is a highly developed form of laziness.

L'efficacité est une forme très développée de paresse.

Anon

248 Deep down he's rather shallow.

Dans le fond, il manque de profondeur.

Peter de Vries

249 You can't lead a cavalry charge if you think you look silly on a horse.

Vous ne pouvez pas mener une charge de cavalerie si vous pensez avoir l'air ridicule sur un cheval.

Adlai Stevenson

250 The only alternative to perseverance is failure.

La seule alternative à la persévérance est l'échec.

Paul J Meyer

251 If at first you don't succeed, try, try, try, again. Then quit.

Si vous n'y arrivez pas du premier coup, revenez à la charge, encore et encore. Puis abandonnez.

W C Fields

252 Falling over is not failure; failure is not getting up.

La chute n'est pas un échec ; l'échec c'est de ne pas se relever.

Mary Pickford

253 Good judgement comes from experience; experience comes from bad judgement.

Les bons choix viennent avec l'expérience ; l'expérience vient avec les mauvais choix.

Mulla Nasrudin

254 The man's desire is for the woman; the woman's desire is rarely other than for the man's desire.

L'homme désire la femme ; la femme désire rarement autre chose que d'être désirée par l'homme.

Samuel Taylor Coleridge

255 The masses are the opium of religion.

Les peuples sont l'opium de la religion.

Anon

256 A cynic is somebody who knows the price of everything and the value of nothing.

Un cynique connaît le prix de tout et la valeur de rien.

Oscar Wilde

257 Human beings are distinguished from other animals more by their ability to rationalize than by their ability to reason.

Les êtres humains se distinguent des autres animaux par leur capacité de rationalisation plutôt que leur capacité de raisonnement.

Milton Friedman

258 If you've seen one artefact you've seen them all.

Si vous avez déjà vu un artéfact, alors vous les avez tous vus.

Anon

259 The reasonable man adapts himself to the world; the unreasonable one persists in trying to adapt the world to himself. Thus all progress depends on the unreasonable man.

L'homme raisonnable s'adapte au monde ; l'homme déraisonnable s'obstine à essayer de façonner le monde à son image. Tout progrès dépend donc de l'homme déraisonnable.
George Bernard Shaw

260 Happiness is not a state to arrive at but a way of travelling.

Il n'y a pas de chemin vers le bonheur, c'est le bonheur qui est le chemin.
Margaret Lee Runbeck

261 A friend in power is a friend lost.

Un ami au pouvoir est un ami perdu.
Henry Adams

262 'Tis not in mortals to command success, but we'll do more Sempronius, we'll deserve it.

Le succès ne s'élève point, mais nous en ferons plus Sempronius, nous le mériterons.
Joseph Addison

263 Women, can't live with 'em, can't live without 'em.

Les femmes, on ne peut pas vivre avec elles, on ne peut pas vivre sans elles.
Desiderius Erasmus

264 Sir Roger told them, with the air of a man who would not give his judgement rashly, that much might be said on both sides.

Sir Roger leur dit, en adoptant l'air d'un homme qui ne donnerait pas son opinion précipitamment, que beaucoup pouvait être dit de part et d'autres.
Addison and Steele

265 Even God cannot change the past.

Même Dieu ne peut changer le passé.
Agathon

266 Bad laws are the worst sort of tyranny.

Les mauvaises lois sont la pire des tyrannies.
Edmund Burke

267 If it be true what I do think/ There are five reasons we should drink/ Good wine, a friend, or being dry/ Or lest we should be by and by/ Or any other reason why.

S'il est vrai a ce que je pense/ Il y a cinq raisons pour lesquelles nous devrions boire/ Le bon vin, un ami, ou la soif/ Ou si nous l'aurons toute à l'heure/ Ou pour toute autre raison.

Drinking Song

268 Four ducks on a pond/ A grass bank beyond/ A blue sky of spring/ White clouds on the wing/ What a little thing/ To remember for years/ To remember with tears.

Quatre canards sur un étang/ Une berge verdoyante au-delà/ Un ciel bleu printanier/ Des nuages blancs sur l'aile/ Quelle image/ À garder en mémoire pendant des années/ À garder en mémoire avec émotion.

William Allingham

269 Along the electric wire the message came/ He is not better, he is much the same.

Le long du fil électrique le message est arrivé/ Il ne va pas mieux, son état de santé est toujours le même.

Alfred Austin

270 A lie: An abomination unto the Lord, but a very present help in time of trouble.

Un mensonge, c'est une abomination pour le Seigneur, mais une aide bien présente dans les moments de détresse.

Mark Twain

271 You should make a point of trying every experience once, excepting incest and folk-dancing.

Vous devriez tout essayer au moins une fois, en dehors de l'inceste et de la danse folklorique.

Sir Arnold Bax

272 A British matron at a performance of Cleopatra: How different, how very different from the home life of our own dear queen.

Une matrone britannique lors d'une représentation de Cléopâtre : quelle différence, quelle grande différence avec le quotidien de notre chère Majesté.

Apocryphal

273 Miss Buss and Miss Beale/ Cupid's darts do not feel/ How different from us/ Miss Beale and Miss Buss.

Mlle Buss et Mlle Beale/ que les flèches de Cupidon n'atteignent pas/ Qu'elles sont différentes de nous/ Mlle Beale et Mlle Buss.

Anon

274 O God, if there be a God, save my soul, if I have a soul.

Ô Dieu, si Dieu existe, sauve mon âme, si j'ai une âme.

Robert Ingersoll

275 See the happy moron/ He doesn't give a damn/ I wish I were a moron/ My God, perhaps I am.

Regarde cet imbécile heureux/ Il se fiche de tout/ J'aimerais être un imbécile/ Mon Dieu, j'en suis peut-être un.

Dorothy Parker

276 Children aren't happy with nothing to ignore/ And that's what parents were created for.

Les enfants ne sont pas heureux s'ils n'ont rien à ignorer. C'est pour ça que les parents ont été créés.

Ogden Nash

277 There is a lady sweet and kind/ Was never face so pleased my mind/ I did but see her passing by/ And yet I love her till I die.

Il y a une dame douce et bonne/ Son visage n'a jamais autant marqué mon esprit/ Et pourtant je ne l'ai vue que passer/ Mais je l'aimerais jusqu'à mon dernier souffle.

Thomas Ford

278 There was a young man of Didgeon,/ Who had but little religion. He said 'As for me I detest all the three/ The father the son and the pigeon'.

Il y avait un jeune homme de Dijon/ Qui n'avait que peu de religion/ Il dit : quant à moi/ Je déteste tous les trois/ Le père, et le fils, et le pigeon.

Anon

279 A decent provision for the poor is the truest test of civilization.

Une prise en charge décente des personnes démunies est le meilleur test pour la civilisation.

Samuel Johnson

280 If the king had offered me Paris his finest city – but only if I took leave of my beloved, I would say to King Henry: keep your Paris, I would rather stay down by the ford with my darling, my darling.

Si le roi m'avait donné Paris sa grande ville/ Et qu'il me fallait quitter l'amour de ma vie/ Je dirais au roi Henri/ Reprenez votre Paris/ J'aime mieux ma mie au gué/ J'aime mieux ma mie.
Antoine de Bourbon

281 Time passes, things fall apart, we grow a'weary

Tout passe, tout casse, tout lasse.
French Proverb

282 O Lord thou know'st how busy I must be this day. If I forget thee, do not thou forget me.

Ô Éternel, tu sais comme je suis occupé à présent. Si je t'oublie, de ton côté, ne m'oublie pas.
Jacob Astley

283 About suffering they were never wrong, the Old Masters/ How well they understood its human position/ How it takes place while someone else is eating, or opening a window/ Or just walking dully along.

À propos de la souffrance, les Vieux Maîtres n'avaient jamais tort/ Ils avaient pertinemment compris sa position humaine/ Sa façon de s'installer alors que l'autre mange, ou ouvre une fenêtre/ Ou uniquement passe tristement son chemin.
T S Eliot

284 I have often thought upon death and I find it the least of all evils.

J'ai souvent pensé à la mort et je pense qu'elle est le moindre de tous les maux.
Sir Francis Bacon

285 The more I listen to Brigitte Bardot, the less I like my dog.

Plus j'écoute Brigitte Bardot, moins j'aime mon chien.
Anon

286 Worth seeing? Yes; but not worth going to see.

Si cela vaut la peine d'être vu ? Oui ; mais cela ne vaut pas la peine que l'on fasse le détour.
Samuel Johnson

287 Count Moltke was silent in seven languages.

Le Comte Moltke se taisait en sept langues.
Walter Bagehot

288 When the first baby laughed for the first time, the laugh broke into a thousand pieces and they all went skipping about, and that was the beginning of fairies.

Lorsque le premier bébé a ri pour la première fois, son rire a volé en mille éclats qui se sont tous enfuis en sautillant, et ce fut le début des fées.
J M Barrie

289 When I am dead/ I hope it will be said/ His sins were scarlet/ But his books were read.

Lorsque je serai mort/ J'espère que l'on dira/ Ses péchés étaient écarlates/ Mais ses livres étaient lus.
Hilaire Belloc

290 Christopher Wren/ Said: I'm going to dine with some men/ If anyone calls/ Say I'm designing St Paul's.

Christopher Wren/ Dit : Je vais manger avec des hommes/ Si quelqu'un me demande/ Dites-lui que je suis occupé à dessiner la cathédrale St Paul.
Edmund Clerihew Bentley

291 There was sun enough for lazing on the beaches/ There was fun enough for far into the night/ But I'm dying now and done for/ What on earth was all the fun for?/ For I'm old and ill and terrified and tight.

Il y avait assez de soleil pour lézarder sur les plages/ Assez de gaieté jusque tard dans la nuit/ Mais maintenant je me meurs et je suis perdue/ Au fond à quoi bon toute cette gaieté ? Je suis malade, vieille, terrifiée et saoule.
John Betjeman

292 O blackbird what a boy you are! How you do go it!

Ô merle, quel spécimen tu fais ! Quelle présence tu as !
T E Brown

293 When late I attempted your pity to move/ What made you so deaf to my prayers?/ Perhaps it was right to dissemble your love/ But why did you kick me downstairs?

Lorsque j'ai essayé de faire appel à votre pitié/ Qu'est-ce qui vous a rendu si sourd à mes prières ?/ Peut-être aviez-vous raison de dissimuler votre amour/ Mais pourquoi m'avoir jeté en bas des escaliers ?
Sir John Philip Kemble

294 The fly sat upon the axle-tree of the chariot and said: What a dust do I raise.

La mouche était assise sur l'essieu du char et dit : que de poussière je soulève.
Aesop

295 Seek simplicity and distrust it.

Recherchez la simplicité et méfiez-vous d'elle.
Alfred North Whitehead

296 To see a world in a grain of sand/ And a heaven in a wild flower/ Hold infinity in the palm of your hand/ And eternity in an hour.

Voir un monde dans un grain de sable/ Et un paradis dans une fleur sauvage/ Tenir l'infini dans la paume de votre main/ Et l'éternité dans une heure.
William Blake

297 A celebrity is someone who is known for being well known.

Une célébrité est quelqu'un qui est connu pour être très connu.
Daniel J Boorstin

298 Marriage has many pains, but celibacy no pleasures.

Le mariage est source de nombreux maux mais le célibat est source d'aucun plaisir.
Samuel Johnson

299 A metaphysician: A blind man in a dark room looking for a black hat that isn't there.

Un métaphysicien, c'est un aveugle dans une pièce obscure à la recherche d'un chapeau noir qui ne s'y trouve pas.
H L Mencken

300 An Englishman whose heart is in a matter is not easily baffled.

Un Anglais qui voue cœur et âme à une cause n'est pas facilement déconcerté.
Anon

301 Education makes a people easy to lead but difficult to drive, easy to govern but impossible to enslave.

L'éducation rend les peuples faciles à diriger mais difficiles à mener, faciles à gouverner, mais impossibles à asservir.
Henry Peter Brougham

302 I do not love you Dr Fell/ The reason why I cannot tell/ But this I know and know full well/ I do not love you Dr Fell.

Je ne vous aime point Dr Fell/ Je ne saurais vous dire pourquoi/ Mais je le sais et le sais pertinemment/ Je ne vous aime pas Dr Fell.

Thomas Brown

303 You're wounded? Nay, the soldiers pride/ touched to the quick he said/ I'm killed sire, and his chief beside,/ Smiling, the boy fell dead.

Êtes-vous blessé ? Non, répondit-il, sa fierté de soldat/ rapidement piquée/ On m'a tué Monsieur, et, son chef à ses côtés,/ Souriant, le soldat mourut.

Robert Browning

304 No passion so effectively robs the mind of all its powers of acting or reasoning as fear.

Aucune passion ne prive plus efficacement l'esprit de tous ses pouvoirs d'agir ou de raisonner que la peur.

Edmund Burke

305 Absence is to love what the wind is to a fire : it extinguishes the small one, it enlarges the great.

L'absence est à l'amour ce qu'est au feu le vent/ Il éteint le petit, il allume le grand.

Roger de Rabutin

306 The best of all our actions tend/ To the preposterousest end.

Les meilleures de toutes nos actions tendent/ Aux fins les plus grotesques.

Anon

307 It is better to have loved and lost than never to have lost at all.

Mieux vaut avoir aimé et perdu, que de ne jamais avoir perdu du tout.

Samuel Butler II

308 I do not believe that any man fears to be dead, but only the stroke of death.

Je ne crois pas que l'homme craint la mort, il redoute seulement d'être fauché par la mort.

Sir Francis Bacon

309   O wasn't it naughty of Smudges/ O mummy I'm sick with disgust/ She threw me in front of the judges/ And my silly old collar-bone's bust.

Ô n'était-ce pas méchant de Smudges/ Ô Maman, je suis écœuré/ Elle me jeta devant les juges/ Et ma vieille clavicule se cassa.

John Betjeman

310   So we'll go no more a roving so late into the night/ Though the heart be still as loving and the moon be still as bright.

Nous n'irons donc plus vagabonder si tard dans la nuit/ Bien que le cœur soit toujours aussi amoureux et la lune soit toujours aussi radieuse.

Lord Byron

311   The optimist proclaims that we live in the best of all possible worlds. The pessimist fears that this is true.

L'optimiste proclame que nous vivons dans le meilleur des mondes. Le pessimiste a bien peur que ce ne soit vrai.

James Branan Cabell

312   The farmer's daughter has soft brown hair/ (Butter and eggs and a pound of cheese) And I met with a ballad I can't say where/ Which wholly consisted of lines like these.

La fille du fermier a les cheveux châtains clairs/ (Du beurre et des œufs et une livre de fromage) Et une ballade, mystérieusement j'ai découverte/ Entièrement composée de vers comme ceux-ci.

Charles Stuart Calverley

313   Betwixt the stirrup and the ground/ Mercy I asked and mercy found.

Entre l'étrier et le sol/ J'ai demandé grâce et je l'ai trouvée.

William Camden

314   If Jesus Christ were to come today people wouldn't crucify him. They would ask him to dinner and hear what he had to say and make fun of it.

Si Jésus Christ revenait aujourd'hui, les gens ne le crucifieraient pas. Ils l'inviteraient à dîner et écouteraient ce qu'il a à dire et ils s'en moqueraient.

G K Chesterton

315 Standing as I do in the view of God and eternity, I realize that patriotism is not enough. I must have no hatred or bitterness towards anyone.

Alors que je me tiens devant Dieu et l'éternité, je me rends compte que le patriotisme ne suffit pas. Je ne dois ressentir aucune haine ou amertume envers quiconque.
Edith Cavell

316 Never make a defence or an apology before you be accused.

Vous ne devriez jamais vous défendre ou vous excuser avant d'avoir été accusé.
Charles I

317 A woman can become a man's friend only in the following stages: First an acquaintance, next a mistress, and only then a friend.

Une femme ne peut devenir l'amie d'un homme qu'en suivant les étapes suivantes : Elle est d'abord une connaissance, puis une maîtresse, et uniquement ensuite une amie.
Anton Chekhov

318 I do not know whether I was then a man dreaming I was a butterfly, or that I am now a butterfly dreaming I am a man.

Je ne sais pas si j'étais alors un homme qui rêvait d'être un papillon, ou si je suis maintenant un papillon qui rêve d'être un homme.
Zhuangzi

319 When the stars threw down their spears/ And watered heaven with their tears/ Did he smile his work to see?/ Did he who made the lamb make thee?

Quand les étoiles jetèrent leurs lances/ Et baignèrent le ciel de leurs larmes,/ A-t-il souri à la vue de son œuvre ? Celui qui fit l'agneau, est-ce lui qui te fit ?
William Blake

320 His blade struck the water a full second before any other until, as the boats began to near the winning post, his own was dipping into the water twice as fast as any other.

Sa pale a heurté la surface de l'eau une seconde entière avant que le coup suivant ne tomba, alors que les bateaux s'approchaient de la ligne d'arrivée, sa rame trempait dans l'eau deux fois plus vite que toutes les autres.
Thomas Day

321 Some hang above the tombs/ Some weep in empty rooms/ I, when the iris blooms/ Remember.

Certains s'accrochent au-dessus des tombes/ Certains attendent dans des salles vides/ Moi, lorsque l'iris éclot/ Je me souviens.

Mary Coleridge

322 Beat your child once a day: even if you don't know why, he does.

Bats ton enfant une fois par jour : si tu ne sais pas pourquoi, lui le saura.

Anon

323 The amiable but eccentric Blake said of a beautiful drawing of an avenue of fir trees: Why this is not drawing but inspiration! Constable replied: I never knew it before. I meant it for drawing.

L'aimable mais excentrique Blake remarqua à propos d'un magnifique dessin représentant une avenue de sapins : Fichtre, ce n'est pas un dessin, c'est de l'inspiration ! Constable répondit : Je ne le savais pas. Je pensais avoir fait un dessin.

John Constable

324 O fat white woman who nobody loves/ Why do you walk through the fields in gloves/ Missing so much and so much?

Ô blanche dodue que personne n'aime/ Pourquoi marchez-vous à travers champs les mains ainsi gantées/ Passant à côté de tant et tant de choses ?

Frances Cornford

325 O to be in England now that April's there/ And whoever wakes in England sees some morning unaware/ That the lowest boughs and the brushwood sheaf/ Round the elm-tree bole are in tiny leaf/ While the chaffinch sings on the orchard bough/ In England now.

Ô, être en Angleterre maintenant que le mois d'avril est arrivé/ Et celui qui se réveille en Angleterre découvre un matin par surprise/ Que les plus bas rameaux et les broussailles/ Autour du tronc de l'orme sont revêtus de minuscules feuilles/ Alors que le pinson fredonne dans les branches du verger/ En Angleterre, maintenant.

Robert Browning

326 The dodo never had a chance. He seems to have been invented for the sole purpose of becoming extinct and that was all he was good for.

Le dodo n'a jamais eu la moindre chance. Il semble avoir été inventé dans le seul but de disparaître et il n'a été bon qu'à ça.

Will Cuppy

327 What is this life, if, full of care/ We have no time to stand and stare?

À quoi bon cette vie, si, préoccupés/ Nous n'avons pas le temps de la contempler ?

William Henry Davies

328 Never complain and never explain.

Jamais de lamentations et jamais d'explications.

Benjamin Disraeli

329 I intended an ode and it turned to a sonnet/ It began a la mode, I intended an ode/ But Rose crossed the road in her latest new bonnet/ I intended an ode but it turned to a sonnet.

Je pensais écrire une ode, qui est devenue un sonnet/ Il a débuté à la mode, je pensais écrire une ode/ Mais Rose a traversé la route portant son tout dernier bonnet/ Je pensais écrire une ode, qui est devenue un sonnet.

Henry Austin Dobson

330 But she would weep to see today/ To see how on his skin the swart fly moves/ The dust upon the paper eye/ And the burst stomach like a cave.

Mais elle aurait les larmes aux yeux en ce jour/ De voir comment sur sa peau la mouche sombre se déplace/ La poussière repose sur son œil de papier/ et son estomac éclaté est comme une caverne.

Keith Douglas

331 I have been faithful to thee, Cynara, in my fashion.

Je t'ai été fidèle, Cynara, à ma façon.

Ernest Dowson

332 The Giant Rat of Sumatra, a story for which the world is not yet prepared.

Le rat géant de Sumatra, une histoire pour laquelle le monde n'est pas encore prêt.

Arthur Conan Doyle

333 Happy the man, and he alone/ He who can call the day his own/ He who, secure within, can say:/ Tomorrow do thy worst for I have lived today.

Heureux l'homme, et lui seul/ Qui peut dire que le jour lui appartient/ Lui qui, sans hésitation, peut dire :/ Advienne que pourra car j'ai vécu aujourd'hui.

John Dryden

334 Whom God would destroy he first sends mad.

Dieu commence par rendre fou celui qu'il veut anéantir.

Henry Wadsworth Longfellow

335 Genius is one percent inspiration and ninety-nine perspiration.

Le génie, c'est un pour cent d'inspiration et quatre-vingt-dix-neuf pour cent de transpiration.

Thomas Edison

336 God could not have made Stradivarius's violins on his own.

Dieu n'aurait jamais pu créer les violons Stradivarius tout seul.

George Eliot

337 If a man will begin with certainties, he will end in doubts. But if he will be content to begin with doubts he shall end in certainties.

Lorsqu'un homme commence avec des certitudes, il finit avec des doutes. Mais s'il se contente de débuter avec des doutes, il finira avec des certitudes.

Sir Francis Bacon

338 Though we travel the whole world over to find the beautiful, we must carry it with us or we find it not.

Bien que nous ayons parcouru le monde entier à la recherche de la beauté, elle devait être en nous ou nous ne la trouverons jamais.

Ralph Waldo Emerson

339 If youth but knew, if age were able.

Si jeunesse savait, si vieillesse pouvait.

French Proverb

340 There was a pause, just long enough for angel to pass, flying slowly.

Il y eut une pause, suffisamment longue pour permettre à un ange de passer en volant, lentement.

Ronald Firbank

341 From the geyser ventilators/ Autumn winds are blowing down/ On a thousand business women/ Having baths in Camden Town./ Rest you there, poor unbelov'd ones/ Lap your loneliness in heat/ All too soon the tiny breakfast/ Trolley bus and windy street.

Des ventilateurs geyser,/ les vents d'automne soufflent/ Sur un millier de femmes d'affaires/ Qui se baignent à Camden Town./ Reposez-vous, pauvres malaimées/ Enveloppez votre solitude dans la chaleur/ Trop tôt le minuscule petit déjeuner/ le trolleybus et les rues venteuses.
John Betjeman

342 Each outcry of the hunted hare/ A fibre from the brain doth tear.

Chaque cri du lièvre traqué/ Arrache une fibre du cerveau.
William Blake

343 He said he had been an unconscionable time dying, but he hoped that they would excuse it.

Il dit être mourant depuis une durée interminable et espère qu'ils voudront bien l'en excuser.
Charles II

344 Dreaming, when dawn's left hand was in the sky/ I heard a voice within the tavern cry/ Awake my little ones and fill the cup/ Before life's liquor in its cup be dry.

Comme l'aube écartait le rideau de la nuit/ Quelqu'un de la taverne a crié : le temps fuit/ Remplis ta coupe de la liqueur de la vie/ Et bois avant l'heure où la source est tarie.
Edward Fitzgerald

345 It's no use trying to be clever, we're all clever here. Just try to be kind, a little kind (said to a recently elected young don at Jesus College, Cambridge.)

Inutile d'essayer de mettre en avant votre intelligence, nous sommes tous intelligents ici. Essayez simplement d'être aimable, un peu aimable (Phrase prononcée à un jeune professeur d'université récemment élu au Jesus College, Cambridge.)
Foakes Jackson

346 We carry within us the wonders we seek without us. There is all Africa and her prodigies in us.

Nous portons en nous les merveilles que nous recherchons au dehors de nous. Il y a toute l'Afrique et ses prodiges en nous.
Sir Thomas Browne

347 Idleness is the only refuge of weak minds.

L'oisiveté est le seul refuge des esprits faibles. — *Lord Chesterfield*

348 Colourless green ideas sleep furiously.

D'incolores idées vertes sommeillent furieusement. — *Noam Chomsky*

349 Fools! For I also had my hour, one far fierce hour and sweet/ There was a shout about my ears and palms before my feet.

Imbéciles ! Moi aussi j'ai eu mon heure, un moment de douceur et de gloire/ Mes oreilles ont entendu des cris et sous mes pieds s'étalaient des palmes. — *G K Chesterton*

350 No memory of having starred/ Atones for later disregard/ Nor makes the end of things less hard.

Aucun souvenir de la gloire ne rachète le mépris de nos derniers jours ou les rendent moins durs. — *Robert Frost*

351 Nor can I do better in conclusion, that to impress upon you the study of Greek literature, which not only elevates above the common herd, but leads not infrequently to positions of considerable emolument.

Je ne peux, en conclusion, qu'insister sur l'importance de l'étude de la littérature grecque, qui non seulement vous élève au-dessus des communs des mortels mais est également très souvent la source de rétributions considérables. — *Thomas Gaisford*

352 In the affluent society no useful distinction can be made between luxuries and necessaries.

Dans la société de consommation, aucune distinction utile ne peut être faite entre le luxe matériel et le nécessaire. — *John Kenneth Galbraith*

353 Bombazine would have shown a deeper sense of her loss.

Un bombasin aurait davantage souligné la gravité de sa perte. — *Elizabeth Gaskell*

354 I must reluctantly observe that two causes, the abbreviation of time and the failure of hope, will always tinge with a browner shade the evening of life.

Je dois, malgré moi, noter qu'il y a deux raisons, l'abrègement du temps et le manque d'espoir, qui apporteront toujours une ombre au crépuscule de la vie.

Edward Gibbon

355 Life is mainly froth and bubble/ Two things stand like stone/ Kindness in another's trouble/ Courage in your own.

La vie c'est principalement de la mousse et des bulles/ Mais deux choses sont immuables/ La gentillesse lorsque l'autre est en détresse/ Et le courage dans la nôtre.

Adam Lindsay Gordon

356 The clever men at Oxford know all there is to be know'd/ But they none of them know one half as much as intelligent Mr Toad.

Les savants de Oxford connaissent tout ce qu'il y a à savoir/ Mais aucun d'entre eux ne connait la moitié de ce que sait cet intelligent M. Toad.

Kenneth Graham

357 I can't sing the old songs now/ It is not that I deem them low/ It's just that I can't remember how/ They go.

Je ne peux chanter les vieilles chansons maintenant/ Ce n'est pas qu'elles me déplaisent/ C'est juste que je ne m'en souviens pas/ Comment ils se chantent.

Charles Stuart Calverley

358 I expect to pass through this world once. Any good thing that I can do or any kindness that I can show to a fellow-creature, let me do it now. For I shall not pass this way again.

Je pense que je ne passerai qu'une fois par ce monde. Tout bien que je puis dispenser et toute bonté que je puis manifester, que je ne tarde ni ne manque à le faire. Car je ne repasserai plus sur cette route.

William Penn

359 The total depravity of inanimate things.

La dépravation totale des choses inanimées.

Katherine Kent Child Walker

360 After two thousand years of mass/ We've got as far as poison gas.

   Après deux milles ans de messes/ Nous n'avons obtenu que les gaz de combat.
   Thomas Hardy

361 Loungin' roun' an' sufferin'.

   J'paresse, j'souffre.
   Joel Chandler Harris

362 The art of pleasing consists in being pleased.

   L'art de faire plaisir consiste à se faire plaisir.
   William Hazlitt

363 It matters not how straight the gate/ How charged with punishments the scroll/ I am the master of my fate/ I am the captain of my soul.

   Aussi étroit soit le chemin/ Nombreux les châtiments infâmes/ Je suis le maître de mon destin/ Je suis le capitaine de mon âme.
   William Ernest Henley

364 Don't tell my mother I'm half a horse in a panto/ Don't tell her that my life's a sham/ But if you do tell my mother I'm half a horse in a panto/ Don't tell her which half I am.

   Ne dis pas à ma mère que je suis mi-cheval dans une pantomime/ Ne lui dis pas que ma vie est un mensonge/ Mais si tu dis à ma mère que je suis mi-cheval dans une pantomime/ Alors ne lui dis pas quelle moitié je suis.
   Bob and Alf Pearson

365 O rose thou art sick, the invisible worm/ that flies in the night, in the howling storm,/ has found out thy bed of crimson joy/ and his dark secret love does thy love destroy.

   Ô rose tu es malade, le vers invisible/ qui vole dans la nuit, dans l'orage rugissant,/ a trouvé ton lit de plaisir pourpre/ et son sombre secret d'amour, ton amour détruit-il.
   William Blake

366 You must sit down, says Love, and taste my meat/ So I did sit and eat.

   Assieds-toi, dit Amour, goûte ma nourriture. Ainsi j'ai pris place et mangé.
   George Herbert

367 Obstinacy in a bad cause is but constancy in a good.

L'obstination envers une mauvaise cause n'est que la persévérance en une noble cause.

Sir Thomas Browne

368 The universe is not hostile nor yet is it friendly. It is simply indifferent.

L'univers n'est ni hostile ni accueillant. Il est simplement indifferent.

J H Holmes

369 Gather ye rosebuds while ye may/ Old Time is still a 'flying/ And this same flower that smiles today/ Tomorrow will be dying.

Cueillez les roses tandis que tu le puisses/ Car le temps jamais ne suspend son vol/ Et cette fleur qui aujourd'hui s'épanouit/ Demain sera flétrie.

Robert Herrick

370 If Mr Selwyn calls again, show him up. If I'm alive I shall be delighted to see him. And if I'm dead, he would like to see me.

Si M. Selwyn revient, faites-le monter. Si je suis toujours vivant, je serais ravi de le voir. Et si je suis mort, il voudra me voir. (Propos de Lord Holland lors de sa dernière maladie.)

Lord Holland (during his last illness)

371 With fingers weary and worn/ With eyelids heavy and red/ A woman sat in unwomanly rags/ Plying her needle and thread.

Avec des doigts las et usés/ Des paupières lourdes et rougies/ Une femme assise dans ses guenilles/ Maniait le fil et l'aiguille.

Thomas Hood

372 God will forgive me, that's his business.

Dieu me pardonnera, c'est son boulot.

Heinrich Heine

373 I slept and dreamed that life was beauty/ I woke and found that life was duty.

Je dormais et j'ai rêvé que la vie était beauté/ Je me suis réveillé et j'ai découvert que la vie n'était que devoir.

Ellen Sturgis Hooper

374 Loveliest of trees the cherry now/ Is hung with bloom along the bough/ And stands about the woodland ride/ Wearing white for Eastertide.

Le cerisier, le plus bel arbre maintenant/ Chaque rameau couvert de fleurs/ Se lève dans l'allée du bois/ À Pâques revêtu de blanc.

A E Housman

375 A man is so in the way in the house.

Un homme n'a vraiment pas sa place dans la maison.

Elizabeth Gaskell

376 Sure, the poet spewed up a good lump of clotted nonsense.

Assurément, le poète a dégueulé un gros morceau d'absurdités coagulées.

John Dryden

377 A little philosophy inclines man's mind to atheism; but depth in philosophy bringeth men's minds about to religion.

Un peu de philosophie pousse l'esprit des hommes vers l'athéisme ; mais une étude approfondie de la philosophie pousse l'esprit des hommes vers la religion.

Sir Francis Bacon

378 Say I'm weary, say I'm sad/ Say that health and wealth have missed me/ Say I'm growing old but add/ Jenny kissed me.

Dis que je suis las, dis que je suis triste/ Dis moi malade et pauvre et délaissé/ Dis moi trop vieux mais ajoute à ta liste :/ Jenny m'a embrassé.

J H Leigh-Hunt

379 The cormorant or common shag/ Lays eggs inside a paper bag/ The reason you will see no doubt/ Is to keep the lightning our/ But what these unobservant birds/ Have never noticed is that herds/ Of wandering bears may come with buns/ And steal the bags to hold the crumbs.

Le cormoran ou phalacrocorax/ Dépose ses œufs dans un sac en papier/ La raison, voyez-vous, est sans aucun doute, pour les protéger des éclairs/ Mais ce que ces oiseaux inattentifs/ N'avaient jamais remarqué, c'est qu'un groupe/ D'ours rôdeurs pouvaient très bien débarquer avec leur petit pain/ Et voler leurs sacs pour conserver les miettes.

Christopher Isherwood

380   We can scarcely hate anyone that we know.

On ne peut guère haïr quelqu'un que l'on connaît.
William Hazlitt

381   A petty sneaking knave I knew/ O Mr Cromek, how do you do?

Une sale petite canaille que j'ai connue/ …. Ô M. Cromek, comment allez-vous ?
William Blake

382   The rod produces an effect that terminates in itself. A child is afraid of being whipped and gets his task, and there's an end on it. Whereas by exciting emulation and comparisons of superiority you lay the foundation of lasting mischief, you make brothers and sisters hate each other.

Le bâton produit un effet qui est une conclusion en soi. Un enfant craint d'être battu et accomplit sa tâche, et c'est un aboutissement. Alors que par l'émulation stimulante et les comparaisons de supériorité, vous fournissez les bases d'une espièglerie durable, vous installez la haine parmi les frères et sœurs.
Samuel Johnson

383   Though I've belted you and flayed you/ By the living God that made you/ You're a better man than I am Gunga Dhin.

Bien que je t'aie donné des coups de ceinture et que je t'aie écorché/ Par le Dieu vivant qui t'a créé/ Tu es un meilleur homme que moi Gunga Din.
Rudyard Kipling

384   Evangelical vicar, in want/ Of a portable second-hand font/ Would dispose for the same/ Of a portrait in frame/ Of the bishop elect of Vermont.

Pasteur évangélique, recherche/ Font baptismal d'occasion/ L'échangerait pour un portrait encadré/ De l'évêque élu de Vermont.
Monsigneur Ronald Knox

385   Coleridge holds that a man cannot have a pure mind who refuses apple dumplings; I am not certain but that he is right.

Coleridge certifie qu'un homme ne peut pas avoir un esprit pur s'il refuse des chaussons aux pommes ; je ne suis pas certain qu'il ait raison.
Charles Lamb

386   Two men look out through the same bars/ One sees mud and one the stars.

Deux hommes regardent à travers les mêmes barreaux/ L'un voit de la boue et l'autre des étoiles.

Frederick Langbridge

387   I strove with none for none was worth my strife/ Nature I loved and next to Nature, Art/ I warmed both hands before the fire of life/ It sinks, and I am ready to depart.

Je n'ai lutté contre personne car personne ne valait la peine de lutter/ La Nature, je l'ai aimée tout comme l'Art/ J'ai réchauffé mes mains à la chaleur du feu de la vie/ L'heure est là, et je suis prêt à partir.

Walter Savage Landor

388   In the misfortunes of our best friends we find something which is not altogether displeasing.

Dans l'adversité de nos meilleurs amis, nous trouvons toujours quelque chose qui ne nous déplait pas.

La Rochefoucauld

389   Now it is autumn and the falling fruit and the long journey towards oblivion. Have you built your ship of Death? Have you? O build your ship of Death, for you will need it.

Or c'est l'automne et la tombée des fruits et le long voyage vers l'oubli. Avez-vous construit votre navire de la mort ? Ah, l'avez-vous fait ? Ah, construisez votre nef de mort, vous en aurez besoin.

D H Lawrence

390   It matters not how a man dies, but how he lives. The act of dying is not of importance; it lasts so short a time.

Peu importe la manière dont meurt l'homme, ce qui importe c'est comme il vit. L'acte de mourir revêt peu d'importance, c'est un instant si bref.

Samuel Johnson

391   O my aged Uncle Arly/ Sitting on a heap of barley/ Through the silent hours of night/ Close beside a leafy thicket/ On his nose there was a cricket/ In his hat a railway ticket/ But his shoes were far too tight.

Ah mon vieil oncle Arly/ Assis sur un tas d'orge/ Dans le silence de la nuit/ À côté d'une épaisse broussaille/ Sur son nez, un grillon était posé/ Dans son chapeau, un billet de train était glissé/ Mais ses chaussures étaient beaucoup trop serrées.

Edward Lear

392   Every man at three years old is half his height.

        Chaque homme à trois ans a atteint la moitié de sa taille.

Leonardo da Vinci

393   Swans sing before they die;'twere no bad thing/ Did certain people die before they sing.

        Les cygnes chantent avant de mourir ; ce ne serait une mauvaise chose/ Si certaines personnes étaient mortes avant de chanter.

Samuel Taylor Coleridge

394   He who loves not wine, women, song/ Remains a fool his whole life long.

        Celui qui n'aime ni le vin, ni les femmes, ni les chansons/ Reste sot toute sa vie durant.

Martin Luther

395   Nothing is so useless as a general maxim.

        Rien n'est plus inutile qu'une maxime générale.

Thomas Babington Macaulay

396   The enquiry of truth, which is the lovemaking or wooing of it, the knowledge of truth which is the presence of it, and the belief of truth, which is the enjoying of it, is the sovereign good of human nature.

        La quête de la vérité, qui est l'amour ou l'adoration de celle-ci, la connaissance de la vérité qui est la présence de celle-ci, et la conviction de la vérité, qui est l'appréciation de celle-ci, est la qualité souveraine de la nature humaine.

Sir Francis Bacon

397   Here lie I, Martin Elginbrodde/ Have mercy on my soul O God/ As I would do if I were God/ And you were Martin Elginbrodde.

        Ici je repose, Martin Elginbrodde/ Ayez pitié de mon âme Ô Dieu/ Comme j'aurais pitié de la vôtre si j'étais Dieu/ Et que vous étiez Martin Elginbrodde.

George Macdonald

398   But what the hell, Archy, what the hell/ Jamais triste, Archy, jamais triste/ That's my motto.

        Mais que diable, Archy, que diable/ Jamais triste, Archy, Jamais triste/ Telle est ma devise.

Don Marquis

399 But at my back I always hear/ Time's winged chariot hurrying near/ And yonder all before us lie/ Deserts of vast eternity.

Mais dans mon dos j'entends sans cesse/ Le char ailé du Temps qui presse/ Devant gît inexploré/ L'ample désert d'Éternité.

Andrew Marvell

400 Either he's dead or my watch has stopped.

Soit il est mort soit ma montre s'est arrêtée.

Groucho Marx

401 Genius does what it must, talent what it can.

Le génie fait ce qu'il doit, le talent ce qu'il peut.

Robert Bulwer Lytton

402 My candle burns at both ends/ It cannot last the night/ But Ah my foes and O my friends, it gives a lovely light.

Ma chandelle brûle par les deux bouts/ Elle ne passera pas la nuit/ Mais ah mes ennemis, oh mes amis/ Elle donne une belle lumière !

Edna St Vincent Millay

403 I am American bred/ I have seen much to hate here, much to forgive/ But in a world where England is finished and dead/ I do not wish to live.

Je suis américaine/ J'ai vu beaucoup à haïr ici, et beaucoup à pardonner/ Mais dans un monde où l'Angleterre est fichue et morte/ Je ne souhaite pas vivre.

Alice Duer Miller

404 Reading maketh a full man, conference a ready man, and writing an exact man.

La lecture fait l'homme complet, la conférence fait l'homme préparé, et la rédaction l'homme exact.

Sir Francis Bacon

405 If we believe a thing to be bad, and we have a right to prevent it, it is our duty to try to prevent it – and damn the consequences.

Si nous pensons qu'une chose est mauvaise en soi, et nous avons le droit d'empêcher qu'elle ne survienne, il est de notre devoir d'empêcher qu'elle ne survienne – sans nous soucier des conséquences.

Lord Milner

406 At last he rose, and twitched his mantle blue/ Tomorrow to fresh woods and pastures new.

Enfin il s'est levé, reprit son manteau bleu/ Demain de nouveaux bois et d'autres pâturages.

John Milton

407 Abroad is unutterably bloody and foreigners are fiends.

À l'étranger tout est indiciblement dégueulasse et les étrangers sont des monstres.

Nancy Mitford

408 It might be said that all I have done is to amass some strange flowers and have done nothing more than supply the net that holds them.

Quelqu'un pourrait dire de moi que j'ai seulement fait ici un amas de fleurs étrangères, n'y ayant fourni rien que le filet à les lier.

Michel de Montaigne

409 Sure deck your lower limbs in pants/ Yours are the limbs my sweeting/ You look divine as you advance/ Have you seen yourself retreating?

Enfile bien tes membres inférieurs dans ton pantalon/ Ils sont, après tout, les tiens, mon cœur/ Tu as l'air divine quand tu avances/ T'es-tu vu reculer ?

Ogden Nash

410 I would not give half a guinea to live under one form of government rather than another. It is of no moment to the happiness to the individual.

Je ne donnerais pas une demie guinée pour vivre sous une forme de gouvernement plutôt qu'une autre. Ils n'apportent rien au bonheur de l'individu.

Samuel Johnson

411 God and the doctor we alike adore/ But only when in danger, not before/ The danger over, both alike requited/ God is forgotten and the doctor slighted.

Dieu et le médecin, nous les adorons tous deux/ Mais seulement lorsque nous sommes en danger, pas avant/ Une fois le danger passé/ C'est que Dieu tombe dans l'oubli et que le médecin ne soit plus respecté.

Robert Owen

412 There's a breathless hush in the close tonight/ Ten to make and the match to win/ A bumping pitch and a blinding light/ An hour to play and the last man in/ And it's not for the sake of a ribboned coat/ Or the selfish hope of a season's fame/ But his captain's hand on his shoulder smote/ Play up, play up, and play the game.

Un calme étouffé règne ce soir/ Dix points à faire et un match à gagner/ Un terrain déformé et une lumière aveuglante/ Une heure de jeu et le dernier homme entre en scène/ Et ce n'est pas pour l'amour de la médaille/ Ou l'espoir égoïste de la notoriété pour le temps d'une saison/ Mais la main de son capitaine posée sur son épaule lui ordonne vas-y/ joue, joue, et joue le jeu.
Sir Henry John Newbolt

413 When men understand what each other mean, they see, for the most part, that controversy is either superfluous or hopeless.

Lorsque les hommes comprennent ce que veulent leur dire les autres, ils s'aperçoivent, pour la plupart, que la controverse est superflue ou sans espoir.
Cardinal Newman

414 Nothing puzzles me more than time and space; and yet nothing troubles me less, as I never think about them.

Rien ne me laisse plus perplexe que le temps et l'espace ; et pourtant rien ne me pose moins de problème, car je n'y pense jamais.
Charles Lamb

415 Lead, kindly light amid the encircling gloom, lead thou me on. The night is dark and I am far from home. Lead thou me on. Keep thou my feet, I do not ask to see the distant scene, one step enough for me.

Conduis-moi, douce lumière, parmi l'obscurité qui m'environne, conduis-moi ! La nuit est sombre, et je suis loin du foyer, conduis-moi ! Garde mes pas ; je ne demande pas à voir au loin : un seul pas est assez pour moi.
John Henry Newman

416 She first deceased. He for a little tried/ To live without her, liked it not and died.

Elle s'est éteinte en premier. Il a quelques temps essayé/ De vivre sans elle, il n'aimait pas ça et il en est mort.
Sir Henry Wotton

417 A democracy is a country in which it is safe to be hated.

Une démocratie est un pays dans lequel il n'est pas dangereux d'être haï.

Anon

418 What passing bells for these who die as cattle?/ Only the monstrous anger of the guns/ Only the stuttering rifle's rapid rattle/ Can patter out their hasty orisons.

Quel glas sonne pour ceux qui meurent comme du bétail?/ Seule, la colère monstrueuse des canons,/ Seul, le crépitement rapide des fusils hoquetants/ Peuvent ponctuer leurs oraisons hâtives.

Wilfrid Owen

419 Burke is not affected by the reality of distress touching his heart, but by the showy resemblance of it striking his imagination. He pities the plumage but forgets the dying bird.

Quant à Burke, la réalité de la misère ne l'émeut point, ne l'affecte aucunement, il n'a l'imagination frappée que de la ressemblance. Il déplore la perte du plumage, mais il oublie l'oiseau mourant.

Thomas Paine

420 O life is a glorious cycle of song/ A medley of extemporanea/ And love is a thing that can never go wrong/ And I am the Queen of Roumania.

Oh, la vie est une merveilleuse chanson/ Un pot-pourri d'impromptus/ Et jamais l'amour ne tourne mal/ Et moi, je suis Marie, reine de Roumanie.

Dorothy Parker

421 Then out spake brave Horatius, the captain of the gate:/ To every man upon this earth death cometh soon or late/ And how can man die better than facing fearful odds/ For the ashes of his fathers and the temples of his gods?

Puis le courageux Horace, capitaine de la porte parla :/ Pour chaque homme sur cette terre la mort vient tôt ou tard./ Comment un homme pourrait-il mieux mourir qu'en affrontant un destin contraire/ Pour les cendres de ses aïeux et les temples de ses Dieux ?

Thomas Babington Macaulay

422   If I were an American, as I am an Englishman, while a foreign troop was landed in my country I never would lay down my arms, never, never, never.

Si j'étais américain, plutôt que d'être anglais, alors que des troupes étrangères débarquaient dans mon pays, je ne déposerais jamais les armes, jamais, jamais, jamais.

William Pitt

423   Don't go into Mr McGregor's garden. Your father had an accident there. He was put in a pie by Mrs McGregor.

Ne va pas dans le jardin de M. McGregor. Ton père y a eu un accident. Mme McGregor l'a mis dans une tourte.

Beatrix Potter

424   Winter is iccumen in, Lhude sing Goddam. Raineth drop and staineth slop, and how the wind doeth ram, sing Goddam.

L'hiver est arrivé et avec, chante Bon Dieu. Les gouttes de pluie et la gadoue, et comme le vent souffle, chante Bon Dieu.

Ezra Pound

425   Our father who art in heaven, stay there.

Notre père, qui est aux cieux, restez y.

Jacques Prévert

426   There was one poor tiger who hadn't got a Christian.

Il y avait un pauvre tigre qui n'avait pas de chrétien.

Punch

427   For when that one great scorer comes/ To write against your name/ He marks – not that you won or lost – but how you played the game.

Lorsque le grand buteur viendra/ Écrire ton nom à côté de ton score/ Il ne notera pas si tu as gagné ou perdu – mais plutôt comment tu as joué.

Henry Grantland Rice

428   Oysters are more beautiful than any religion. There's nothing in Christianity or Buddhism that quite matches the sympathetic unselfishness of the oyster.

Les huîtres sont plus belles que n'importe quelle religion. Il n'y a rien dans le christianisme ni dans le bouddhisme qui égale la totale abnégation d'une huître.

H H Munro

429 Come little cottage girl, you seem/ To want my cup of tea/ And will you take some cream?/ Now tell the truth to me/ She had a rustic woodland grin, her cheek was soft as silk/ And she replied: Sir please put in/ A little drop of milk.

Venez ma petite, vous avez l'air/ de vouloir prendre ma tasse de thé/ Et prendrez-vous un peu de crème ?/ Là, dites-moi la vérité./ Elle avait un sourire féerique, et les joues aussi douce que de la soie/ Et elle a répondu : Oui, s'il vous plait Monsieur,/ Juste une petite goutte de lait.

Barry Pain

430 Cusha, cusha, cusha calling/ E'er the early dews were falling/ Far away I heard her song. Come up Whitefoot, come up Lightfoot, come up Jetty, rise and follow Jetty, to the milking shed.

Cusha, cusha, cusha vous appelle/ Les perles de la rosée du matin se sont posées/ Au loin, je l'entends chanter. Debout Whitefoot, debout Lightfoot, debout Jetty, levez-vous et suivez Jetty, vers le hangar pour la traite.

Jean Ingelow

431 Those who cannot remember the past are condemned to repeat it.

Ceux qui ne peuvent se souvenir du passé sont condamnés à le répéter.

George Santayana

432 Three o'clock, it's always too late or too early to do anything at all.

Trois heures, c'est toujours trop tard ou trop tôt pour tout ce qu'on veut faire.

Jean-Paul Sartre

433 Good morning, good morning the general said/ When we met him last week on the way to the line/ Now the soldiers he smiled at are most of them dead/ And we're cursing his staff for incompetent swine./ He's a cheery old card, grunted Harry to Jack/ As they slogged up to Arras with rifle and pack/ But he did for them both with his plan of attack.

Bonjour, bonjour dit le général/ Lorsque nous l'avons rencontré la semaine dernière en allant sur le front/ Maintenant les soldats à qui le général souriait sont morts pour la plupart/ Et nous maudissons son personnel pour son incompétence./ C'est un chic type, grommela Harry à Jack/ Alors qu'ils galérèrent pour arriver à Arras avec leurs fusils et leur paquetage/ Mais il leur avait donné un billet sans retour avec son plan d'attaque.

Siegfried Sassoon

434 I cannot praise a fugitive and cloistered virtue, unexercised and unbreathed, that never sallies out and seeks her adversary, but slinks out of the race where that immortal garland is to be run for, not without dust and heat.

Je ne puis louer la vertu fugitive et cachée, qui ne s'exerce ni ne respire, qui ne s'aventure jamais en quête de son adversaire, mais qui s'esquive de la course où se disputera cette immortelle couronne, non sans poussière et chaleur.

John Milton

435 When the Himalayan peasant meets the he-bear in his pride/ He shouts to scare the monster who'll often turn aside/ But the she-bear thus accosted rends the peasant tooth and nail/ For the female of the species is more deadly than the male.

Quand le paysan de l'Himalaya croise un ours mâle plein de vigueur/ Il crie pour effrayer ce monstre, qui souvent alors se détourne de lui/ Mais lors d'une semblable rencontre une femelle le lacère avec acharnement/ Car la femelle de l'espèce est plus meurtrière que le mâle.

Rudyard Kipling

436 Our country right or wrong. When right, to be kept right. When wrong, to be put right.

Notre pays ayant raison ou pas. S'il a raison, qu'il reste ainsi et s'il a tort, qu'on le corrige.

Carl Schurz

437 The woods are lovely dark and deep/ But I have promises to keep/ And miles to go before I sleep/ And miles to go before I sleep.

Les bois sont délicieusement sombres et épais/ Mais, j'ai des promesses à tenir/ Et des lieues à parcourir avant d'aller dormir/ Et des lieues à parcourir avant d'aller dormir.

Robert Frost

438 Napoleon's army always used to march on their stomachs crying 'Vive l'intérieur'.

Les troupes de Napoléon avaient toujours l'habitude de marcher sur leurs estomacs en criant « Vive l'intérieur ».

Sellars and Yeatman

439 The worst sin towards our fellow-creatures is not to hate them but to be indifferent to them: that's the essence of inhumanity.

Le pire péché que nous pouvons commettre envers nos semblables n'est pas la haine, c'est l'indifférence : c'est l'essence-même de l'inhumanité.
George Bernard Shaw

440 Won't you come into the garden? I would like my roses to see you.

Vous venez dans le jardin ? Je voudrais que mes roses puissent vous voir.
Richard Brinsley Sheridan

441 For I will consider my cat Jeoffry, for he is the servant of the living God, duly and daily serving him.

Je prendrai donc en considération mon chat Jeoffry, car c'est le serviteur du vrai Dieu vivant : lui rendant grâce tous les jours et diligence.
Christopher Smart

442 As to moral courage he had very rarely met with two o'clock in the morning courage: that is instantaneous courage.

Quant à courage moral, il l'avait trouvé fort rare, disait-il, celui de deux heures après minuit, c'est-à-dire le courage de l'improviste.
Napoleon

443 The turtle lives 'twixt plated decks/ Which practically conceal its sex/ I think it clever of the turtle/ In such a fix to be so fertile.

La tortue oscille entre deux ponts caparaçonnés/ Qui dissimulent pour ainsi dire son sexe/ J'admire la tortue/ Dans une telle situation d'être si prolifique.
Ogden Nash

444 Nobody heard him, the dead man/ But still he lay moaning/ I was much further out than you thought/ And not waving but drowning.

Nul ne l'entendit lui l'homme mort/ Mais il gémit encore gisant/ J'étais encore plus éloigné que vous ne le pensiez/ Non pas faisant des signes mais me noyant.
Stevie Smith

445 The 'silly' question is the first intimation of some totally new development.

La question « stupide » est le premier signe d'un développement totalement nouveau.
Alfred North Whitehead

446 Death must be distinguished from dying with which it is often confused.

La mort doit être distinguée de l'agonie avec laquelle elle est souvent confondue.
Sydney Smith

447 Call no man happy till he dies; he is at best but fortunate.

Ne dis pas qu'un homme est heureux avant sa mort ; dans le meilleur des cas, il a de la chance.
Herodotus

448 The greatest pleasure I know is to do a good action by stealth and to have it found out by accident.

Il n'y a pas satisfaction plus grande à mes yeux que de faire discrètement une bonne action… et de la voir découverte par accident.
Charles Lamb

449 Man has never been the same since God died.

L'homme n'est plus le même depuis que Dieu est mort.
Edna St Vincent Millay

450 Show me a man who cares no more for one place than another and I will show you, in that same person, one who loves nothing but himself. Beware of those who are homeless by choice.

Montrez-moi un homme qui ne se soucie pas plus d'un endroit que d'un autre et je vous montrerai, chez cette même personne, quelqu'un qui n'aime rien de plus que lui-même. Méfiez-vous de ceux qui choisissent de ne pas avoir de chez eux.
Robert Southey

451 That indefatigable and unsavoury engine of pollution, the dog.

Cette machine infatigable et répugnante, source de pollution, qu'est le chien.
John Sparrow

452 Born of the sun, they travelled a short while towards the sun, and left the vivid air signed with their honour.

Nés du soleil, ils ont brièvement voyagé vers le soleil, et quitté l'air vif avec distinction.
Stephen Spender

453 I have striven not to laugh at human actions, not to weep at them, nor to hate them, but to understand them.

Je me suis efforcé de ne pas rire des actions de l'homme, de ne pas pleurer à cause d'elles, de ne pas les haïr, mais de les comprendre.

Baruch Spinoza

454 God heard the embattled nations sing and shout/ Gott strafe England, and God save the king/ God this, God that, and God the other thing/ Good God, said God, I've got my work cut out.

Dieu entendit des nations au combat chanter et crier/ Gott Strafe England, et Dieu protège le Roi/ Dieu ceci, Dieu cela, et Dieu je ne sais quoi/ Mon Dieu, dit Dieu, j'ai du pain sur la planche.

J C Squire

455 There are worse occupations in this world than feeling a woman's pulse.

Il y a pire profession dans ce monde que de prendre le pouls d'une femme.

Laurence Sterne

456 Many's the long night I've dreamed of cheese, toasted mostly.

Au cours de nombreuses et longues nuits, j'ai rêvé de fromage, surtout grillé.

Robert Louis Stevenson

457 Why so pale and wan, fond lover, prithee, why so pale?/ Will, when looking well can't move her, looking ill prevail? Prithee, why so pale?

Pourquoi si pâle, cher amant, pourquoi si pâle ? Si la bonne santé ne l'a pas gagnée croyez-vous que l'air malade l'attira ? Pourquoi si pâle ?

Sir John Suckling

458 When I was a boy with never a crack in my heart.

Quand j'étais un enfant sans aucune déchirure au cœur.

William Butler Yeats

459 The poorest man may, in his cottage, bid defiance to all the forces of the crown. It may be frail, its roof may shake, the wind may blow through it, the storm may enter, the rain may enter, the King of England may not enter. All his force dares not cross the threshold of the ruined tenement.

L'homme le plus pauvre peut, dans sa demeure, défier toutes les troupes de la Couronne. Elle peut être fragile, son toit peut trembler, le vent peut la transpercer, la tempête peut la pénétrer, la pluie peut entrer, le Roi d'Angleterre ne pourra pas entrer. Toute sa force n'ose pas franchir le seuil du logement délabré.
William Pitt

460 When at last they rose to go to bed, it struck each man, as he followed his neighbour up the stairs, that the one before him walked very crookedly.

Lorsque finalement ils se levèrent pour aller au lit, chaque homme fut frappé, alors qu'il suivait son voisin dans l'escalier, que la personne devant lui zigzaguait un peu.
Robert Smith Surtees

461 I love good creditable acquaintance; I love to be the worst of the company.

J'aime les connaissances louables ; j'aime être le pire en société.
Jonathan Swift

462 Why, everyone as they like, as the good woman said as she kissed the cow.

À chacun ses goûts, comme disait la brave femme en embrassant la vache.
Sam Wellerism

463 In baiting a mouse-trap with cheese always leave room for the mouse.

En appâtant une souricière avec du fromage, laissez toujours de la place pour la souris.
H H Munro

464 Being natural is simply a pose.

Être naturel est simplement une pose.
Oscar Wilde

465 Home they brought her warrior dead/ She nor swooned nor uttered cry/ All her maidens watching said/ She must weep or she will die.

Ils ramenèrent le corps de son guerrier/ Elle ne poussa un cri ni ne défaillit/ Voyant cela toutes les dames dirent/ Si elle ne pleure pas, elle en perdra la vie.
Alfred Lord Tennyson

466 I have no relish for the country; it is a kind of healthy grave.

Je n'aime pas la campagne ; c'est une sorte de tombeau qui est bon pour la santé.

Sydney Smith

467 Darkness came down on the field and city, and Amelia was praying for George, who was lying on his face, dead, with a bullet through his heart.

L'obscurité s'abattit sur la campagne et la ville, et Amelia priait pour George, qui était allongé face au sol, mort, une balle en plein cœur.

William Makepeace Thackeray

468 Seek not to know who said this or that, but take note of what has been said.

Ne cherche pas à savoir qui a dit ceci ou cela, mais à prendre note de ce qui a été dit.

Thomas a Kempis

469 I remember, I remember the fir-trees dark and high/ I used to think their slender tops were close against the sky/ It was a childish ignorance. But now 'tis little joy/ To know I'm farther off from heaven/ Than when I was a boy.

Je me souviens, je me souviens des grands sapins sombres/ Je pensais que leur cime élancée se rapprochait des cieux/ Par ignorance puérile. Mais, à présent, c'est peu de réconfort que de savoir que je suis plus loin des cieux/ Que lorsque j'étais petit.

Thomas Hood

470 Laws are like cobwebs which may catch small flies but let wasps and hornets break through.

Les lois sont comme les toiles d'araignée, elles peuvent attraper les moucherons mais laissent passer les guêpes et les frelons.

Jonathan Swift

471 In marriage a man becomes slack and selfish and undergoes a fatty degeneration of his moral being.

Dans un mariage, l'homme devient lâche et égoïste et subit une dégénérescence graisseuse de son être moral.

Robert Louis Stevenson

472   I can never remember whether it snowed for six days and six nights when I was twelve, or whether it snowed for twelve days and twelve nights when I was six.

Je ne me souviens jamais s'il a neigé pendant six jours et six nuits lorsque j'avais douze ans, ou s'il a neigé pendant douze jours et douze nuits lorsque j'avais six ans.

Dylan Thomas

473   Our life is frittered away by detail: simplify, simplify.

Notre vie est encombrée par les détails : simplifier, simplifier.

Henry David Thoreau

474   It's a naïve domestic burgundy, without any breeding, but I think you'll be amused by its presumption.

Il s'agit d'un domestique vin de Bourgoyne naïf, sans éducation, mais je pense que son audace vous amusera.

James Thurber

475   All happy families resemble one another; but each unhappy family is unhappy in its own way.

Toutes les familles heureuses se ressemblent, mais chaque famille malheureuse est malheureuse à sa façon.

Leo Tolstoy

476   I will arise now and go to Innisfree/ And a small cabin build there, of clay and wattles made:/ Nine bean-rows will I have there, a hive for the honey-bee/ And live alone in the bee-loud glade.

Me lever et partir sans plus tarder... partir pour Innisfree... Quelque hutte allé là-bas bâtir... d'argile et d'osier... Neuf rangs de fève y planter... des abeilles pour le miel... Et vivre seul en leur bourdonnante clairière...

William Butler Yeats

477   If all the girls attending the Yale prom were laid end to end, I would not be at all surprised.

Si toutes les filles qui participent au bal de promo de Yale étaient couchées les unes à côté des autres, je ne serais pas du tout surpris.

Dorothy Parker

478   The heart has its reasons which reason cannot understand.

Le cœur a ses raisons que la raison ne connait point.

Blaise Pascal

479 In the field of observation luck favours only those who are prepared.

Dans les champs de l'observation, le hasard ne favorise que les esprits préparés. *Louis Pasteur*

480 He thought me asleep. At least I knew he thought I thought he thought I slept.

Il pensait que je dormais. Au moins, je savais qu'il pensait que je pensais qu'il pensait que je dormais. *Coventry Patmore*

481 I never had a piece of toast particularly long and wide/ But fell upon the sanded floor/ And always on the buttered side.

Je n'ai jamais eu une tranche de pain grillée particulièrement longue et large/ Qui ne soit tombée sur le plancher/ Autre que sur le côté beurré. *James Payne*

482 Education has produced a vast population able to read but unable to distinguish what is worth reading.

Grâce à l'éducation, une vaste population sait lire mais ne sait pas ce qui vaut la peine d'être lu. *G M Trevelyan*

483 Mr Turnbull had predicted evil consequences and was now doing the best in his power to bring about the verification of his own prophecies.

M. Turnbull avait prédit les pires conséquences et à présent il faisait tout ce qui était en son pouvoir pour que ses propres prophéties se réalisent. *Anthony Trollope*

484 The sobbing of the autumn violins wounds my heart – slowly and monotonously.

Les sanglots longs/ des violons/ de l'automne/ blessent mon cœur/ d'une langueur/ monotone. *Paul Verlaine*

485 It is not enough to succeed: others must fail.

Réussir ne suffit pas. Il faut que d'autres échouent. *Gore Vidal*

486 The best is the enemy of the good.

Le mieux est l'ennemi du bien. *Voltaire*

487 Superstition sets the whole world in flames. Philosophy quenches them.

La superstition met le feu au monde. C'est la philosophie qui l'éteint.

Samuel Johnson

488 The little girl had the making of a poet in her who, being told to be sure of her meaning before she spoke, said : How can I know what I think till I hear what I say?

La petite fille avait l'étoffe d'un poète qui, lorsqu'on lui disait qu'elle devait d'être sûre de ce qu'elle voulait dire avant de parler, disait : Comment puis-je savoir ce que je pense, avant que je n'entende ce que je dis ?

E M Forster

489 This world is a comedy to those that think, a tragedy to those that feel.

Le monde est une comédie pour ceux qui pensent et une tragédie pour ceux qui ressentent.

Horace Walpole

490 Beware you be not swallowed up in books. An ounce of love is worth a pound of knowledge.

Faite attention de ne pas être englouti dans les livres. Une once d'amour vaut une livre de connaissances.

John Wesley

491 When you are old and grey and full of sleep/ And nodding by the fire, take down this book/ And slowly read and dream of the soft look/ Your eyes had once and of their shadows deep.

Quand tu seras bien vieille et grise, dodelinant/ Aux portes du sommeil près du feu : prends ce livre/ Et lis sans te hâter, et rêve à la douceur/ Qu'eurent tes yeux jadis, dans leurs ombres lourdes.

William Butler Yeats

492 I think I could turn and live with animals; they are so placid and self-contained. I stand and look at them long and long. They do not sweat and whine about their condition. They do not lie awake in the dark and weep for their sins. They do not make me sick discussing their duty to God.

Je pense que je pourrais partir et vivre avec les animaux ; ils sont si pacifiques et autonomes. Je les observe de longues heures durant. Ni ils ne s'impatientent, ni ils ne se plaignent de leur condition. Ils ne restent pas éveillés la nuit et ne pleurnichent pas sur leurs péchés. Ils ne me rendent pas malade en parlant de leur devoir envers Dieu.

Walt Whitman

493   Old and young, we are all on our last cruise.

   Jeunes et vieux, nous participons tous à notre dernière croisière.

   Robert Louis Stevenson

494   When she inveighed eloquently against the evils of capitalism at drawing room meetings and Fabian conferences, she was conscious of a comfortable feeling that the system, with all its inequalities and iniquities, would probably last her time.

   Lorsqu'elle vitupérait éloquemment contre les méfaits du capitalisme dans les salons ou lors des conférences de la Fabian Society, elle éprouvait le sentiment confortable que le système, nonobstant toutes ses inégalités et toutes ses iniquités, durerait probablement aussi longtemps qu'elle.

   H H Munro

495   The three o'clock in the morning courage, which Bonaparte thought was the rarest.

   Le courage de trois heures du matin, que Bonaparte estimait être le plus rare.

   Henry David Thoreau

496   The lunches of fifty-seven years had slipped down to the mezzanine floor.

   Cinquante-sept ans de repas étaient descendus à la mezzanine.

   P G Wodehouse

497   Now the jonquil overcomes the feeble brain/ We faint beneath the aromatic pain.

   À présent que la jonquille surmonte le faible cerveau/ Nous nous évanouissons sous la douleur aromatique.

   Anne Finch

498   Years and years and years ago, when I was a boy, when there were wolves in Wales, and birds the colour of red flannel petticoats whisked past the heart-shaped hills, when we rode the daft and happy hills bareback, it snowed and it snowed.

   Il y a des années, des années, et des années, lorsque j'étais enfant, lorsqu'il y avait des loups au Pays de Galles, et des oiseaux de la couleur des jupons de flanelle rouge qui volaient dans les collines en forme de cœur, et que nous dévalions les heureuses collines à cheval et sans selle, il neigeait et il neigeait.

   Dylan Thomas

499 As time requireth, a man of marvellous mirth and pastimes; and sometimes of as sad gravity, as who say: a man for all seasons.

Lorsque cela est nécessaire, c'est un homme plein de merveilleuse gaieté et de distractions ; et parfois également de triste gravité : un homme, disons, de toutes les saisons.

Robert Whittinton

500 She is a peacock in everything but beauty.

Elle est en tout point comme un paon, sauf en ce qui concerne la beauté.

Oscar Wilde

501 Wheneas in silks my Julia goes/ Then, then (methinks) how sweetly flows/ That liquefaction of her clothes.

Partout où dans sa soie Julia va/ Je ne peux que constater la douceur/ De la liquéfaction de ses vêtements.

Robert Herrick

502 He spoke with a certain what-is-it in his voice, and I could see that, if not actually disgruntled, he was far from being gruntled.

Il parlait avec un certain je ne sais quoi dans sa voix, et je remarquais que, s'il n'était pas vraiment mécontent, il était loin d'être content.

P G Wodehouse

503 By night an atheist half believes in God.

La nuit un athée croit à moitié en Dieu.

Edward Young

504 She has a heart of gold – but so does a boiled egg.

Elle a un cœur d'or – mais l'œuf a la coque en a aussi.

Maya Angelou

505 Advice is what we ask for when we already know the answer but wish we didn't.

Les conseils sont ce que l'on demande quand nous en connaissons déjà la réponse, tout en espérant que ce n'est pas la bonne.

Erica Jong

506 It's true that we don't know what we've got until we lose it, but it's also true that we don't know what we've been missing until it arrives.

Il est vrai que nous ne savons pas ce que nous avons tant que nous ne l'avons pas perdu, mais il est également vrai que nous ne savons pas ce qu'il nous manque tant que ça ne nous arrive pas

Anon

507 Professional reviewers read so many bad books in the course of duty, that they get an unhealthy craving for arresting phrases.

Des critiques professionnels lisent tellement de mauvais livres dans le cadre de leur travail, qu'ils développent un goût malsain pour les expressions saisissantes.

Evelyn Waugh

508 Let them hate so long as they fear.

Laissez-les haïr pourvu qu'ils aient de la peur aussi.

Caligula

509 Power tends to corrupt and absolute power corrupts absolutely.

Le pouvoir a tendance à corrompre et le pouvoir absolu corrompt absolument.

Lord Acton

510 There's a sucker born every minute.

Une poire nait à chaque minute.

Phineas Taylor Barnham

511 And I will show you something different from either your shadow at morning striding behind you or your shadow at evening rising to meet you. I will show you fear in a handful of dust.

Et je vais vous montrer quelque chose de différent soit de votre ombre du matin qui traine derrière vous, soit de votre ombre du soir qui se lève pour venir vous rencontrer. Je vais vous montrer la peur dans une poignée de poussière.

T S Eliot

512 Lord Finchley tried to mend the electric light/ It struck him dead and serve him right/ It is the business of the wealthy man/ to give employment to the artisan.

Lord Finchley essayait de réparer la lumière/ Il est mort électrocuté et c'est bien fait pour lui/ C'est à l'homme fortuné/ de donner du travail à l'artisan.

Hilaire Belloc

513 He rather hated the ruling few than loved the suffering many.

Il préférait détester les quelques dirigeants plutôt que d'aimer les masses qui souffraient.

Anon

514 O chintzy, chintzy cheeriness, half dead and half alive.

Ô chintz, gaité chintz, moitié morte et moitié vivante.

John Betjeman

515 They shall grow not old as we that are left grow old. Age shall not weary them, nor the years condemn/ At the going down of the sun and in the morning we will remember them.

Ils ne vieilliront pas comme nous qui leur avons survécu. Ils ne connaîtront jamais l'outrage ni le poids des années/ Quand viendra l'heure du crépuscule et celle de l'aurore, nous nous souviendrons d'eux.

Laurence Binyon

516 Selfishness is not living as one wishes to live. It is asking others to live as one wishes to live.

L'égoïsme ne consiste pas à vivre comme bon nous semble. C'est de demander aux autres de vivre comme bonne nous semble.

Oscar Wilde

517 Death is Nature's way of telling us to slow down.

La mort est la manière de la nature de nous dire de ralentir.

Leonard Lyons

518 People who think they know everything are a great annoyance to those of us who do.

Ceux qui croient tout savoir sont particulièrement agaçants pour ceux qui, comme nous, savent tout.

Isaac Asimov

519 I may be drunk madam. But in the morning I shall be sober and you will still be ugly.

Je suis peut-être ivre madame. Mais au matin, je serai sobre et vous serez toujours laide.

Winston Churchill

520 Do not go gentle into that good night/ Old age should burn and rage at close of day/ Rage, rage against the dying of the light/ Do not go gentle into that good night.

Ne te laisse pas sombrer doucement dans cette bonne nuit.La vieillesse doit bruler et rager contre la fin du jour. Rage,rage contre l'évanescence du soleil./ Ne te laisse pas sombrer doucement dans cette bonne nuit.
Dylan Thomas

521 Drawing on my fine command of the English language, I said nothing.

Grâce à ma bonne maîtrise de l'anglais, je ne dis rien.
Robert Benchley

522 Fish say, they have their stream and pond/ But is there anything beyond?

Les poissons disent, ils ont leur ruisseaux et leurs étangs/ Mais y a-t-il quelque chose au-delà ?
Rupert Brooke

523 Perfection is not attainable; but if we chase perfection we can catch excellence.

La perfection n'est pas atteignable, mais si nous visons la perfection, nous pouvons atteindre l'excellence.
Vince Lombardi

524 When a dog bites a man that is not news. When a man bites a dog that is news.

Quand un chien mord un homme, ce n'est pas une nouvelle. Quand un homme mord un chien, c'est une nouvelle.
Charles A Dana

525 To travel hopefully is a better thing than to arrive, and true success is to labour.

Voyager avec espoir, est préférable à arriver à destination, et le véritable succès est au travail.
Robert Louis Stevenson

526 Religion: a blind man in a dark room looking for a black cat that isn't there – and finding it.

La religion : c'est un aveugle dans une pièce obscure à la recherche d'un chat noir qui n'est pas la – et le trouvant.
Oscar Wilde

527   Tell me what you eat and I'll tell you what you are.

   Dites-moi ce que vous mangez et je vous dirai ce que vous êtes.

   Jean Anthelme Brillat-Savarin

528   But somewhere beyond space and time/ Is wetter water, slimier slime.

   Mais quelque part au-delà de l'espace et du temps/ Est-ce que l'eau est plus humide, la vase plus gluante.

   Rupert Brooke

529   Education makes people easy to lead, but difficult to drive; easy to govern but impossible to enslave.

   L'éducation rend les peuples faciles à diriger mais difficiles à mener, faciles à gouverner, mais impossibles à asservir.

   Henry Brougham

530   Half our days are spent in the shadow of the earth; and the brother of death exacteth a third part of our lives.

   La moitié de nos jours sont passés dans l'ombre de la terre ; et le frère de la mort reçoit un tiers de notre vie.

   Sir Thomas Browne

531   O the moon shone bright on Mrs Porter and on her daughter. They wash their feet in soda water.

   Ô la lune brillait de tous ses feux pour Mme Porter et sa fille. Elles se lavaient les pieds dans de l'eau de Seltz.

   T S Eliot

532   And everybody praised the duke who this great fight did win/ But what good came of it at last? quoth little Peterkin./ Why, that I cannot tell said he, but 'twas a famous victory.

   Et tout le monde a fait l'éloge du duc, qui a gagné cette grande bataille,/ mais à quoi bon tout ça ? Dit le petit Peterkin./ Je ne saurais dire fit-il, mais c'était une fameuse victoire.

   Robert Southey

533   There's no discouragement/ shall make him once relent/ His first avowed intent/ to be a pilgrim.

   Aucun découragement/ ne le fera jamais reculer/ son premier but avoué d'être pèlerin.

   John Bunyan

534 And in that heaven of all their wish/ There shall be no more land, say fish.

Et dans ce paradis qu'ils convoitent tous/ Il n'y a pas plus de terre, dit le poisson.

Rupert Brooke

535 The best laid schemes of mice and men/ Gang oft a'gley.

Les meilleurs plans des souris et des hommes/ Se dévoient souvent.

Robert Burns

536 England is a paradise for women and a hell for horses; Italy a paradise for horses, hell for women.

L'Angleterre est un paradis pour les femmes et un enfer pour les chevaux ; l'Italie est un paradis pour les chevaux et un enfer pour les femmes.

John Florio

537 So we'll go no more a-roving so late into the night/ Though the heart be still as loving and the moon be still as bright.

Nous n'irons donc plus vagabonder si tard dans la nuit/ Mais le cœur sera toujours aussi amoureux et la lune sera toujours aussi radieuse.

Robert Byron

538 Of all the girls that are so smart/ there's none like pretty Sally/ She is the darling of my heart/ and she lives in our alley.

De toutes les filles vraiment intelligentes/ il n'y en a aucune comme jolie Sally/ Elle est la chouchoute de mon cœur/ et elle vit dans notre ruelle.

Henry Carey

539 If Jesus were to come today, people would not crucify him. They would ask him to dinner, and hear what he had to say, and make fun of it.

Si Jésus Christ revenait aujourd'hui, les gens ne le crucifieraient pas. Ils l'inviteraient à dîner et écouteraient ce qu'il a à dire et ils s'en moqueraient.

Thomas Carlyle

540 'You are old Father William' the young man said/ 'And your hair has become very white/ And yet you incessantly stand on your head./ Do you think at your age it is right?'

« Vous êtes vieux père William » dit le jeune homme/ « et vos cheveux sont devenus très blancs/ et pourtant vous vous tenez toujours sur la tête./ Pensez-vous qu'à votre âge c'est bien ? »

Edward Lear

541 Come to my arms my beamish boy!

Viens à mon cœur fils rayonnais !

Lewis Carrol

542 When in doubt have a man come through the door with a gun in his hand.

En cas de doute, ayez un homme prêt à passer la porte avec un pistolet à la main.

Raymond Chandler

543 What is a communist? One who has yearnings/ For equal division of unequal earnings.

Qu'est-ce qu'un communiste ? Celui qui a un désir brulant/ pour un partage égal des salaires différents.

Ebenezer Elliot

544 Never make a defence or apology before you are accused.

Vous ne devez jamais vous défendre ou vous excuser avant d'avoir été accusé.

Charles I

545 When a woman isn't beautiful they always say, 'You have lovely eyes, you have lovely hair.'

Quand une femme n'est pas belle, ils disent toujours « Vous avez de beaux yeux, vous avez de beaux cheveux. »

Anton Chekhov

546 For there is good news yet to hear and fine things to be seen/ Before we go to Paradise by way of Kensal Green.

Il y a encore de bonnes nouvelles à entendre et de belles choses à voir/ Avant que nous allions au paradis en passant par Kensal Green.

G K Chesterton

547 I cannot forecast to you the action of Russia. It is a riddle wrapped in a mystery inside an enigma.

Je ne puis vous prédire l'action de la Russie. La Russie est un rébus enveloppé de mystère au cœur d'une énigme. *Winston Churchill*

548 I never saw a man who looked with such a wistful eye/ Upon that little tent of blue which prisoners call the sky.

Tant de regret jamais je ne vis/ Dans les yeux d'un homme, levés/ Vers la petite tente bleue/ Qu'est le ciel pour les prisonniers. *Oscar Wilde*

549 His death, which happened in his berth/ At forty odd befell/ They went and told the sexton/ And the sexton tolled the bell.

La mort, alors qu'il était dans son lit/ À quarante et quelques survint/ Ils en informèrent le sacristain/ Qui fit sonner le glas. *Thomas Hood*

550 Say not the struggle nought availeth/ The labour and the wounds are vain.

Ne dites pas la lutte est inutile/ Que le travail et les blessures sont vains. *Arthur Hugh Clough*

551 All rowed fast but none so fast as stroke.

Tous ramaient rapidement, mais aucun n'égalaient le coup de rame de stroke. *Thomas Day*

552 Water, water everywhere/ Nor any drop to drink.

De l'eau, de l'eau partout/ Mais aucune goutte à boire. *Samuel Taylor Coleridge*

553 Ice formed on the butler's upper slopes.

La glace s'est formée sur les pentes supérieures du valet. *P G Wodehouse*

554 A professor is someone who talks in someone else's sleep.

Un professeur est quelqu'un qui parle dans le sommeil d'un autre. *W H Auden*

79

555   It was as helpful as throwing a drowning man both ends of a rope.

C'était aussi utile que de jeter à un homme qui se noie les deux extrémités d'une corde.

Arthur Baer

556   He did not think it was necessary to make a hell of this world to enjoy paradise in the next.

Il a jugé que ce n'était pas nécessaire de faire un enfer de ce monde pour pouvoir profiter du paradis dans le prochain.

William Beckford

557   The fleas that tease in the high Pyrenees.

Les puces qui taquinent dans les hautes Pyrénées.

Hilaire Belloc

558   Pam, I adore you Pam, you great big mountainous sports girl/ Whizzing them over the net, full of the strength of five.

Pam, je vous adore Pam, espèce de grande et montagneuse fille sportive/ Vous les passez par-dessus le filet, avec la force de cinq personnes.

John Betjeman

559   Perhaps it was right to dissemble your love. But why did you kick me downstairs?

Peut-être aviez-vous raison de dissimuler votre amour. Mais pourquoi m'avez-vous jeté en bas des escaliers ?

John Philip Kemble

560   I have finally come to the conclusion that a good set of bowels is worth more to any man than any quantity brains.

Je suis finalement arrivé à la conclusion que d'excellents intestins sont, pour n'importe quel homme, bien plus précieux que n'importe quelle quantité de cervelle.

Josh Billings

561   The shortest way out of Manchester is a bottle of Gordon's gin.

Le chemin le plus court pour sortir de Manchester est une bouteille de gin Gordon.

William Bolitho

562   Everything comes to him who waits – among other things, death.

Tout vient à point à qui sait attendre – et entre autre, la mort.

Leo Tolstoy

563   Cambridge people rarely smile, being urban squat and packed with guile.
Les habitants de Cambridge sourient rarement, étant urbains et remplis de ruses.
Rupert Brooke

564   An atheist is a man who has no invisible means of support.
Un athée est un homme qui n'a aucun moyen de soutien invisible.
James Buchan

565   The devil tempted Christ, but it was Christ who tempted the devil to tempt him.
Satan a tenté le Christ, mais c'était le Christ qui avait tenté Satan de le tenter.
Anon

566   Now as I was young and easy under the apple boughs, about the lilting house, and happy as the grass was green.
Lorsque j'étais jeune et insouciant sous les branches du pommier, auprès de la maison au cœur des chants, j'étais aussi heureux que l'herbe était verte.
Dylan Thomas

567   Lord I do not believe; help thou my unbelief.
Seigneur, je ne crois pas ; aide-moi mon incroyance.
David J Stewart

568   To the lexicographer God is simply the word that comes next to go-cart.
Pour un lexicographe, Dieu est tout simplement le mot qui se trouve après le mot Diététique.
Samuel Butler II

569   Christianity has not been tried and found wanting; it has been found difficult and not tried.
Le christianisme n'a pas été testé et jugé inadéquat ; on l'a estimé difficile et on ne l'a pas essayé.
G K Chesterton

570   A diplomat is someone who thinks twice before saying nothing.
Un diplomate c'est quelqu'un qui réfléchit à deux fois avant de ne rien dire.
Edward Heath

571 Dear God I have a problem – it's me.

Cher Dieu, j'ai un problème – c'est moi.

Anon

572 Eat well, stay fit, die anyway.

Mange bien, reste en forme, meurt de toute façon.

George Carlin

573 Mad dogs and Englishmen go out in the mid-day sun.

Les chiens fous et les Anglais sortent sous le soleil de midi.

Noel Coward

574 When I was a boy I was told that anyone could become president. I'm beginning to believe it.

Lorsque j'étais petit, on m'a dit que n'importe qui pouvait devenir président. Je commence à le croire.

Clarence Darrow

575 She's the original good time that was had by all.

Elle est l'originale bon temps que tout le monde a eu.

Bette Davis

576 They'll send you to your grave in a Y-shaped coffin.

Ils te coucheront dans un cercueil en forme de Y.

Joe Orton

577 A woman is only a woman, but a good cigar is a smoke.

Une femme, n'est qu'une femme, mais un bon cigare est bien plus que de la fumée.

Rudyard Kipling

578 Why are women so much more interesting to men than men are to women?

Pourquoi les femmes sont-elles beaucoup plus intéressantes pour les hommes que les hommes ne le sont pour les femmes ?

Virginia Wolf

579 A woman without a man is like a fish without a bicycle.

Une femme sans un homme, c'est comme un poisson sans un vélo.

Gloria Steinem

580   I hope you have not been leading a double life pretending to be wicked and being really good all the time. That would be hypocrisy.

       J'espère que vous ne menez pas une double vie, à prétendre être méchant alors que, pendant tout ce temps, vous êtes vraiment gentil. Ce serait de l'hypocrisie.
Oscar Wilde

581   Here lies my wife; here let her lie. Now she's at rest and so am I.

       Ci-gît ma femme ; laissez-la en paix. Maintenant elle se repose, est moi aussi.
John Dryden

582   All generalizations are dangerous, even this one.

       Toutes les généralisations sont dangereuses, même celle-ci.
Alexandre Dumas

583   When a man comes to me for advice, I find out the kind of advice he wants, and give it to him.

       Lorsqu'un homme vient me voir pour des conseils, je découvre quel genre de conseils il recherche, et je les lui donne.
Josh Billings

584   Civilized men arrived in the Pacific, armed with alcohol, syphilis, trousers and the Bible.

       Les hommes civilisés sont arrivés dans le Pacifique, armés d'alcool, de la syphilis, de pantalons et de la Bible.
Havelock Ellis

585   No man is a hero to his valet.

       Aucun homme n'est un héros pour son valet de chambre.
Michel de Montaigne

586   The arts bablative and scriblative.

       Les arts blablatifs et les arts gribouillatifs.
Robert Southey

587   They fuck you up your mum and dad/ They do not mean to but they do/ They fill you up with the faults they had/ And add some extra just for you.

       Vos parents vous foutent en l'air, ils ne le font peut être pas volontairement, mais ils le font quand même. Ils vous remplissent de leurs défauts et en ajoutent quelques uns juste pour vous.
Philip Larkin

588 In Xanadu did Kubla Khan a stately pleasure- dome decree/ Where Alph the sacred river ran/ Through caverns measureless to man/ Down to a sunless sea.

En Xanadu donc Koubla Khan se fit édifier un fastueux palais/ Là où le fleuve Alphée, aux eaux sacrées, allait/ Par de sombres abîmes à l'homme insondables/ Se précipiter dans une mer sans soleil.

Samuel Taylor Coleridge

589 And the life of man solitary, poor, nasty brutish and short.

Et la vie de l'homme solitaire, pauvre, méchant, brutale et brève.

Thomas Hobbes

590 More slippery than a Jacuzzi full of KY jelly.

Plus insaisissable qu'un jacuzzi rempli de lubrifiant.

Richard Littlejohn

591 Nobody can simply bring together a country that has 246 kinds of cheese.

Comment voulez-vous gouverner un pays où il existe 246 variétés de fromage ?

Charles de Gaulle

592 Four legs good, two legs bad.

Quatre jambes, bien ; deux jambes, mauvais

George Orwell

593 In Switzerland they had brotherly love, five hundred years of democracy and peace, and what did they produce.........? The cuckoo clock.

En Suisse, ils avaient l'amour fraternel, cinq cents ans de démocratie et de paix, et qu'en est-il ressorti......... ? La pendule à coucou.

Orson Wells

594 The noblest prospect that a Scotchman ever sees is the high road that leads him to England.

La plus noble perspective qu'un Écossais peut envisager, c'est la route qui le mène en Angleterre.

Samuel Johnson

595 Come friendly bombs and fall on Slough/ It isn't fit for humans now.

Allez-y, bombes bienfaisantes, sur Slough/ Cette ville ne convient plus aux humains.

John Betjeman

596 I have nothing to offer but blood, toil, tears and sweat.

Je n'ai à offrir que du sang, de la peine, des larmes et de la sueur.

Winston Churchill

597 I must follow them: I am their leader.

Je dois les suivre : Je suis leur leader.

Alexandre Ledru-Rollen

598 Here with a loaf of bread beneath the bough/ A flask of wine, a book of verse and thou/ Beside me singing in the wilderness/ And wilderness is paradise enow.

Un livre de vers sous la ramée/ Un pichet de vin, une miche de pain… et toi/ A mes côtés chantant dans le désert…/ Et le désert est suffisamment le paradis !

Edward Fitzgerald

599 Who or why or which or what/ Is the Akond of Swat?

Qui, ou pourquoi, ou lequel, ou quel/ est l'Akond de Swat ?

Edward Lear

600 But Englishmen detest a siesta.

Mais les Anglais détestent la sieste.

Noel Coward

601 Before the Roman came to Rye or out to Severn strode/ The rolling English drunkard made the rolling English road.

Avant que les Romains ne viennent à Rye ou qu'ils n'arrivent à la rivière Severn/ Les ivrognes anglais avaient construit, en titubant, leurs routes sinueuses.

G K Chesterton

602 He thought he saw a banker's clerk descending from a bus./ He looked again and saw it was a hippopotamus./ 'If this should stay for tea' he said/ 'there won't be much for us.'

Il crut voir un banquier descendre d'un bus./ Il regarda de nouveau et vu que c'était un hippopotame./ « Si celui-ci vient boire le thé, dit-il/ Il ne restera pas grand chose pour nous. »

Lewis Carrol

603 The steed bit his master. How came this to pass?/ He heard the good pastor say 'All flesh is grass.'

L'étalon mordit son maître. Comment une telle chose est-elle arrivée ?/ Il a entendu le bon pasteur dire « toute chair est de l'herbe.

Anon

604 Late last night I slew my wife, stretched her on the parquet flooring. I was loth to take her life, but I had to stop her snoring.

Tard hier soir, j'ai tué mon épouse, je l'ai allongée sur le parquet. Je n'avais pas envie de lui ôter la vie, mais il fallait qu'elle arrête de ronfler.

Harry Graham

605 I eat my peas with honey, I've done it all my life. It makes the peas taste funny, but it keeps them on the knife.

Je mange mes petits pois avec du miel, j'ai fait ça toute ma vie. Les petits pois ont alors un goût bizarre, mais ils collent ainsi au couteau.

Ogden Nash

606 The wisest prophets make sure of the event first.

Le vrai prophète s'assure de l'événement avant de le prédire

Horace Walpole

607 Paul Valéry/ Earned a meagre salary/ Walking through the Bois/ Observing his Moi.

Paul Valéry/ Ne gagnait pas bien sa vie/ À marcher à travers les Bois/ À observer son moi.

W H Auden

608 To find out a girl's faults, praise her to her girl friends.

Pour connaître les défauts d'une fille, dis du bien d'elle à ses amis.

Benjamin Franklin

609 Patriotism is the last refuge of the scoundrel.

Le patriotisme est le dernier refuge de la crapule. *Samuel Johnson*

610 She may very well pass for forty-three in the dusk with the light behind her.

On pourrait très bien lui donner quarante-trois ans, au crépuscule, à contre-jour. *W S Gilbert*

611 Her feet beneath her petticoat like little mice stole in and out as if they feared the light.

Ses pieds sous son jupon comme des petites souris sortent et disparaissent comme s'ils craignaient la lumière. *Sir John Suckling*

612 I have spread my dreams under your feet;/ Tread softly because you tread on my dreams.

J'ai répandu mes rêves sous tes pieds/ Marche légèrement : tu marches sur mes rêves. *William Butler Yeats*

613 No man is fit to be called a sportsman what doesn't kick his wife out of bed on a haverage once in three weeks.

Aucun homme n'est digne d'être qualifié de sportif, s'il ne chasse pas sa femme hors du lit en moyenne une fois toutes les trois semaines.

Robert Smith Surtees

614 The woman one loves always smells good.

La femme qu'on aime sent toujours bon. *Remy de Gourmont*

615 What is my loftiest ambition? I've always wanted to throw an egg into an electric fan.

Quelle est ma plus grande ambition ? J'ai toujours voulu jeter un œuf dans un ventilateur électrique. *Oliver Herford*

616 Let not poor Nelly starve.

Ne laissez pas pauvre Nelly mourir de faim. *Charles II*

617 Be kind and considerate to others, depending on who they are.

Sois gentil et attentionné envers les autres, en fonction de qui ils sont.

Don Herold

618 A miracle: an event described by those to whom it was told by men who did not see it.

Un miracle, c'est un événement décrit par des gens à qui l'ont raconté d'autres gens qui ne l'ont pas vu.

Elbert Hubbard

619 Originality is undetected plagiarism.

L'originalité, c'est du plagiat non détecté.

Dean Inge

620 I like work; it fascinates me; I can sit and look at it for hours.

J'aime le travail ; ça me fascine ; je peux m'asseoir et le regarder pendant des heures.

Jerome K Jerome

621 My notion of a wife of forty is that a man should be able to change her for two twenties.

Mon point de vue sur une épouse de quarante ans, c'est qu'un homme devrait pouvoir l'échanger pour deux femmes de vingt ans.

Warren Beatty

622 A fishing rod is a stick with a hook at one end and a fool at the other.

Une canne à pêche est un bâton avec un crochet à une extrémité et un idiot à l'autre.

Samuel Johnson

623 We can often forgive those who bore us, but we cannot forgive those whom we bore.

Nous pouvons souvent pardonner à ceux qui nous ennuient, mais nous ne pouvons pardonner à ceux que nous ennuyons.

La Rochefoucauld

624 I am a great believer in luck, and I find the harder I work the more I have of it.

Je crois beaucoup en la chance ; et je constate que plus je travaille, plus j'ai de la chance.

Stephen Leacock

625 What astonished him was that cats should have two holes cut in their skin at exactly the same places where their eyes are.

Il s'émerveillait de voir que les chats avaient deux trous en deux endroits, précisément à la place des yeux. *G C Lichtenberg*

626 It is difficult to see why lace is so expensive; it is mostly holes.

Il est difficile de comprendre pourquoi la dentelle est si coûteuse ; c'est surtout des trous. *Mary Wilson Little*

627 Men have a better time of it than women; they marry later and they die earlier.

Les hommes savent mieux organiser leur vie que les femmes : ils se marient plus tard et meurent plus tôt. *H L Mencken*

628 For forty years I have been speaking prose without knowing it.

Il y a plus de quarante ans que je dis de la prose, sans que je n'en susse rien. *Moliere*

629 No man is lonely while eating spaghetti- it requires so much attention.

Aucun homme ne s'ennuie lorsqu'il mange des spaghettis – ça nécessite tellement d'attention. *Christopher Morely*

630 Men seldom make passes/ At girls who wear glasses.

Les hommes font rarement des avances à des jeunes filles qui portent des lunettes. *Dorothy Parker*

631 I know it's a secret – everyone says so.

Je sais que c'est un secret – tout le monde le dit. *William Congreve*

632 Hell hath no fury like a woman scorned.

L'enfer ne connait de pire furie qu'une femme dédaignée.
William Congreve

633 Nothing should ever be done for the first time.

Rien ne devrait jamais être fait pour la première fois. *F M Cornford*

634 He did nothing in particular and did it very well.

Il ne faisait rien de particulier et il faisait ça très bien.

W S Gilbert

635 I wept as I remembered how often you and I/ Had tired the sun with talking and sent him down the sky.

J'ai pleuré lorsque je me suis souvenu combien de fois vous et moi/ avons fatigué le soleil à force de parler et qu'il est descendu se coucher.

William Johnson Cory

636 Yet each man kills the thing he loves/ By each let this be heard/ Some do it with a bitter look, some with a flattering word/ The coward does it with a kiss/ The brave man with a sword.

Pourtant chacun tue ce qu'il aime/ Salut à tout bon entendeur/ Certains le tuent d'un œil amer/ Certains avec un mot flatteur/ Le lâche se sert d'un baiser/ Et d'une épée l'homme d'honneur.

Oscar Wilde

637 Every day, in every way, I am getting better and better.

Tous les jours, à tout point de vue, je vais de mieux en mieux.

Émile Coué

638 A woman's preaching is like a dog's walking on its hinder legs; it is not done well but you are surprised to find it done at all.

La prédication d'une femme est comparable à la marche a deux pieds d'un chien ; c'est mal fait mais vous êtes surpris de constater que c'est fait malgré tout.

Samuel Johnson

639 To be a leader of men one must turn one's back on men.

Pour diriger les hommes, il faut tourner le dos aux hommes.

Havelock Ellis

640 The moving finger writes, and having writ/ Moves on. Nor all thy piety or wit/ Shall lure it back to cancel half a line/ Nor all thy tears wash out a word of it.

Le doigt se déplace en écrivant, et après avoir écrit/ continue son chemin. Toute ta piété ou ton esprit/ ne le fera revenir en arrière pour barrer la moitié d'une ligne/ Et toutes tes larmes ne pourront laver un seul mot.

Edward Fitzgerald

641 Very flat, Norfolk.

Très plat, Norfolk.

Noel Coward

642 I would not enter in my list of friends a man who needlessly sets his foot upon a worm.

Je ne voudrais pas inscrire dans ma liste d'amis, un homme qui pose son pied inutilement sur un ver.

William Cowper

643 I have tried recently to read Shakespeare, and found it so intolerably dull that it nauseated me.

J'ai récemment essayé de lire Shakespeare, et j'ai trouvé cela tellement insupportable et ennuyeux que j'en ai été écœuré.

Charles Darwin

644 'Is there anyone there?' said the traveller knocking on the moonlit door.

« Y-a-t-il quelqu'un ? » dit le voyageur en frappant à la porte au clair de lune.

Walter de la Mare

645 It has I believe been often remarked that a hen is only an egg's way of making another egg.

Je crois qu'il a souvent été remarqué qu'une poule n'est qu'une façon pour un œuf, de produire un autre œuf.

Samuel Butler II

646 If a man once indulges himself in murder, very soon he comes to think of robbing; and from robbing he comes next to drinking and sabbath-breaking, and from that to incivility and procrastination.

Si un homme se laisse tenter par le meurtre, il banalisera rapidement le vol. Après avoir volé, il aura un penchant pour l'alcool et ne respectera plus le sabbat. S'ensuivront incivilité et **procrastination**.

Thomas de Quincey

647 There are three kinds of lies: lies, damned lies, and statistics.

Il y a trois sortes de mensonges : les mensonges, les foutus mensonges et les statistiques.

Benjamin Disraeli

648 God does not play dice.

Dieu ne joue pas aux dés.

Albert Einstein

649 This is the way the world ends – not with a bang but a whimper.

Voilà comment meurt le monde – Non pas dans une explosion, mais dans un gémissement.

T S Eliot

650 I know I have the body of a weak and feeble woman, but I have the heart and stomach of a king, and of a king of England too.

Je sais que j'ai le corps d'une femme faible et fragile, mais j'ai le cœur et l'estomac d'un roi, et d'un Roi d'Angleterre, qui plus est.

Elizabeth I

651 Miss Twye was soaping her breasts in the bath/ When from behind her she heard a laugh/ And to her amazement she discovered/ A dirty old man in the bathroom cupboard.

Mlle Twye se savonnait les seins dans le bain/ Lorsqu'elle entendit un ricanement derrière elle/ Et elle découvrit à son étonnement/ Un vieux bonhomme dégoûtant dans le placard de la salle de bain.

Gavin Ewart

652 Network: anything reticulated or decussated at equal intervals with interstices between the intersections.

Un réseau : tout ce qui peut être décussé ou réticulé à intervalles égaux avec des interstices entre les intersections.

Samuel Johnson

653 How odd of God/ To choose the Jews.

Comme c'est étrange de la part de Dieu/ de choisir les juifs.

William Norman Ewer

654 Awake! For Morning in the Bowl of Night/ Has flung the Stone that puts the Stars to Flight.

Réveille-toi ! Car le matin, dans le bol de la nuit/ A jeté la pierre qui met en fuite les étoiles.

Edward Fitzgerald

655 The pleasure of love lasts but a short while/ The pain of love lasts a lifetime.

Plaisir d'amour ne dure qu'un moment/ Chagrin d'amour dure toute la vie.

Jean-Paul Egide Martini

656 I am a sundial and I make a botch/ Of what is done far better by a watch.

Je suis un cadran solaire et je massacre/ Ce qu'une montre fait beaucoup mieux.

Hilaire Belloc

657 He who fears suffering is already suffering that which he fears.

Qui craint de souffrir, il souffre déjà ce qu'il craint.

La Fontaine

658 So two cheers for democracy; one because it admits variety and two because it permits criticism. Two cheers are quite enough, there is no occasion to give three.

Deux hourras pour la démocratie : le premier parce qu'elle admet la diversité et le second parce qu'elle permet la critique. Deux hourras suffisent amplement : il n'y a pas de raison d'en donner trois.

E M Forster

659 But in this world nothing can be said to be certain, except death and taxes.

Mais dans ce monde rien n'est certain, sauf la mort et les impôts.

Benjamin Franklin

660 Two roads diverged in a wood, and I, I took the one less travelled by.

Deux routes s'offraient à moi, et là j'ai suivi celle où on n'allait pas.

Robert Frost

661 Never in the field of human conflict was so much owed by so many to so few.

Jamais dans l'histoire des conflits de l'humanité, tant de gens n'ont dû autant à si peu.

Winston Churchill

662 There are fairies at the bottom of our garden.
Il y a des fées en bas de notre jardin.
Rose Fyleman

663 Eppur si muove – But it does move.
Eppur si muove – et pourtant elle tourne.
Galileo

664 I must have women. There is nothing unbends the mind like them.
Je dois avoir des femmes. Rien ne détend plus l'esprit qu'elles.
John Gay

665 Something nasty in the woodshed.
Quelque chose de mauvais dans le hangar.
Stella Gibbons

666 For he himself has said it/ And it's greatly to his credit/ That he is an Englishman.
Il l'a dit lui-même/ et c'est tout à son honneur/ qu'il soit anglais.
W S Gilbert

667 All the world over, I will back the masses against the classes.
Partout dans le monde, je soutiendrais les masses contre les classes.
William Ewart Gladstone

668 What is this that roareth thus? Can it be a motor bus? Yes, the smell and hideous hum/ Indicat motorem bum.
Quel est ce rugissement ? Est-ce le bruit d'un moteur de bus ? Oui, l'odeur et l'horrible bourdonnement/ Indicat motorem bum.
Alfred Denis Godley

669 Das Ewig-Weibliche zieht uns hinan.
L'éternel féminin nous attire.
Goethe

670 As writers become more numerous, it is natural for readers to become more indolent.
Alors que les écrivains sont de plus en plus nombreux, il est normal que les lecteurs deviennent plus indolents.
Oliver Goldsmith

671 In two words: im possible.

En deux mots : im possible.

Samuel Goldwyn

672 A sheep in a sheep's clothing.

Un mouton dans un habit de mouton.

Winston Churchill on Attlee

673 'There's been an accident' they said,/ 'Your servant's cut in half, he's dead'/ 'Indeed' said Mr Jones 'then please/ Send me the half that's got my keys.'

« Il y a eu un accident » dirent-ils,/ « Votre serviteur est coupé en deux, il est mort »/ « Eh bien » a répondu M. Jones « alors, veuillez m'envoyer la moitié/ qui a mes clés. »

Harry Graham

674 The curfew tolls the knell of parting day/ The lowing herd winds slowly o'er the lea./ The ploughman homeward plods his weary way/ And leaves the world to darkness and to me.

La cloche du couvre-feu sonne le glas du jour s'en allant,/ Les troupeaux mugissant errent lentement à travers l'herbage,/ Le laboureur bien fatigué rentre chez lui très doucement./ Le monde reste pour moi et pour l'obscurité en partage.

Thomas Gray

675 I left the room with quiet dignity, but caught my foot in the mat.

J'ai quitté la pièce dignement, en silence, mais me pris les pieds dans le tapis.

George and Weedon Grossmith

676 Every Irishman, so the saying goes, has a potato in his head.

Tous les Irlandais, comme l'indique l'adage, a une pomme de terre dans la tête.

Julius Hare

677 Alfred de Musset/ Used to call his cat pusset.

Alfred de Musset/ appelait son chat pusset.

Maurice Hare

678 Tar-baby ain't sayin' nuffin' en Brer Fox, he lay low.

Tar-bébé ne dit rien et le renard, il se faisait petit.

Joel Chandler Harris

95

679 What do you mean funny? Funny peculiar or funny ha-ha?

Que voulez-vous dire par drôle ? Drôle bizarre ou drôle ha-ha ?

Ian Hay

680 A man is in general better pleased when he has a good dinner upon his table, than when his wife talks Greek.

Un homme est généralement de meilleure humeur lorsqu'il a un bon repas sur la table, que lorsque sa femme parle grec.

Samuel Johnson

681 And I said to the man who stood at the gate of the year 'Give me a light that I may tread safely into the unknown'. And he replied 'Go out into the darkness and put your hand into the hand of God. That shall be to you better than light and safer than a known way.'

J'ai dit à l'homme qui se tenait à la porte de la nouvelle année : « Donne-moi une lampe afin que je puisse m'aventurer vers l'inconnu en toute sécurité ». Et il a répondu : « Avance dans l'obscurité et place ta main dans la main de Dieu. Cela sera, pour toi, mieux que la lumière et plus sûr qu'un chemin connu. »

M Louise Haskins

682 Three out of every four people constitute seventy-five percent of the world's population.

Trois personnes sur quatre représentent soixante- quinze pour cent de la population mondiale.

Anon

683 He is not only a bore, but he bores for England.

Il n'est pas seulement rasoir, mais il rase pour l'Angleterre.

Malcom Muggeridge

684 The weak are a long time in politics.

Les faibles durent en politique.

Neil Shand

685 Like rotten mackerel by moonlight – he shines and he stinks.

Comme un maquereau pourri au clair de lune – il brille et il pue.

John Randolph of Roanoke

686 The last temptation is the greatest treason/ To do the right thing for the wrong reason.

La dernière tentation est la plus grande trahison/ Faire ce qui est bien pour les mauvaises raisons.

T S Eliot

687 I'd much rather have that fellow inside my tent pissing out, than outside pissing in.

Je préfère de loin avoir ce type à l'intérieur de ma tente en train de pisser dehors plutôt que de l'avoir à l'extérieur en train de pisser à l'intérieur.

Lyndon B Johnson

688 Patriots always talk about dying for their country, and never killing for their country.

Les patriotes parlent toujours de mourir pour leur pays, et jamais de tuer pour leur pays.

Bertrand Russell

689 I don't know what effect these men will have upon the enemy but, by God, they terrify me.

Je ne sais pas quel effet ces hommes auront sur l'ennemi, mais, mon Dieu, ils me terrifient.

Duke of Wellington

690 Ghandi was very keen on sex. He renounced it when he was thirty-six, so thereafter it was never very far from his thoughts.

Ghandi était très porté sur le sexe. Il y a renoncé lorsqu'il avait trente-six ans, donc par la suite ce n'était jamais très loin de ses pensées.

Woodrow Wyatt

691 Henry James writes fiction as though it were a painful duty.

Henry James écrit des romans comme s'il s'agissait d'un devoir pénible.

Oscar Wilde

692 Asking a writer what he thinks about critics is like asking a lamppost what it thinks about dogs.

Demander à un écrivain ce qu'il pense des critiques, c'est comme demander à un lampadaire ce qu'il pense des chiens.

John Osborne

693   If Botticelli were alive today he'd be working for Vogue.

Si Botticelli était vivant aujourd'hui, il travaillerait pour Vogue.

Peter Ustinov

694   But did thee feel the earth move?

Mais as-tu senti la terre bouger ?

Ernest Hemingway

695   I am the master of my fate, I am the captain of my soul.

Je suis le maître de mon destin, le capitaine de mon âme.

W E Henley

696   Will no one revenge me of the injuries I have sustained from one turbulent priest?

Est-ce que quelqu'un me vengera pour les blessures qui m'ont été infligées par un prêtre turbulent ?

Henry II

697   You can't step twice into the same river.

Vous ne pouvez pas traverser deux fois la même rivière.

Heraclitus

698   Love bade me welcome; yet my soul drew back/ Guilty of dust and sin./ But quick-eyed Love, observing me grow slack/ From my first entrance in/ Drew nearer to me sweetly questioning if I lacked anything.

Amour m'a dit d'entrer, mon âme a reculé/ Plein de poussière et péché./ Mais Amour aux yeux vifs, en me voyant faiblir/ De plus en plus, le seuil passé/ Se rapprocha de moi et doucement s'enquit si quelque chose me manquait.

George Herbert

699   You'll get pie in the sky when you die (That's a lie).

Vous aurez de la tarte au ciel lorsque vous mourrez (c'est un mensonge).

Joe Hill

700   If Mr Selwyn calls again, show him up; if I'm alive I shall be delighted to see him; and if I am dead he would like to see me.

Si M. Selwyn revient, faites-le monter. Si je suis toujours vivant, je serai ravi de le voir. Et si je suis mort, il voudra me voir.

Henry Fox

701 Mix a little foolishness with your serious plans: it's lovely to be silly at the right moment.

Mélangez un peu de folie à vos plans sérieux : c'est très agréable d'être stupide au bon moment.
Horace

702 Mine eyes have seen the glory of the coming of the Lord: He is trampling out the vintage where the grapes of wrath are stored.

Mes yeux ont vu la gloire de la venue du Seigneur : Il piétine le vignoble où sont gardés les raisins de la colère.
Julia Ward Howe

703 It is better to die on your feet than to live on your knees.

Il vaut mieux mourir debout/ Plutôt que de vivre à genoux.
Emiliano Zapata

704 But each will mourn her own (she saith)/ And sweeter woman ne'er drew breath/ Than my son's wife Elizabeth.

Mais chacun pleurera les siens (dit-elle)/ Et femme plus douce n'a jamais existé/ Que l'épouse de mon fils, Elizabeth.
Jean Ingelow

705 We love peace as we abhor pusillanimity; but not peace at any price...Chains are worse than bayonets.

Nous aimons la paix comme nous abhorrons la pusillanimité, mais pas la paix à tout prix... Les chaînes sont pires que les baïonnettes.
Douglas Jerrold

706 I'll come no more behind your scenes, David; for the silk stockings and white bosoms of your actresses excite my amorous propensities.

Je ne viendrai plus dans les coulisses, David ; car les bas de soie et les poitrines blanches de vos actrices excitent mes propensions amoureuses.
Samuel Johnson

707 Sin is behovely, but all shall be well, and all shall be well, and all manner of thing shall be well.

Le péché est nécessaire, mais tout sera bien, et tout sera bien, et toutes sortes de choses seront bien.
Julian of Norwich

708 The Beautiful and Merciless Lady.

La belle Dame sans Merci.

John Keats

709 Writing free verse is like playing tennis with the net down.

Écrire en vers libre c'est comme jouer au tennis sans filet.

Robert Frost

710 Teach me to live, that I may dread/ The grave as little as my bed.

Enseigne-moi la vie, afin que je craigne/ La tombe aussi peu que mon lit.

Thomas Ken

711 In the long run we are all dead.

À long terme, nous serons tous morts.

John Maynard Keynes

712 I think that I shall never see/ A poem lovely as a tree.

Je pense que je ne verrai jamais/ un poème aussi charmant qu'un arbre.

Joyce Kilmer

713 'When I use a word' said Humpty Dumpty 'it means just what I choose it to mean- neither more nor less.'

« Lorsque j'utilise un mot », dit Humpty Dumpty, « il signifie exactement ce que je choisis qu'il signifie — ni plus, ni moins. »

Lewis Carrol

714 Gentlemen rankers on the spree/ Damned from here to eternity/ God have mercy on such as we. Baa! Yah! Bah!

Sous-officiers en pleine fête/ Damnés d'ici à l'éternité/ Dieu ayez pitié de nous. Baa! Yah! Bah!

Rudyard Kipling

715 The First blast of the Trumpet against the Monstrous Regiment of Women.

Premier son de la trompette contre le régiment monstrueux des femmes.

John Knox

716 I cried all the way to the bank.

J'ai pleuré tout au long du chemin que menait à la banque.

Liberace

717 The shades of night were falling fast/ The snow was falling faster/ When through an Alpine village past/ ... An alpine village pastor.

Les teintes de la nuit tombaient rapidement/ La neige tombait plus vite/ Lorsque par un village alpin passait/ ... Un pasteur de village alpin.

A E Housman

718 Don't keep finishing your sentences. I am not a bloody fool.

Arrêtez de terminer vos phrases. Je ne suis pas complètement idiot.

Frederick Lonsdale

719 Depend upon it, Sir, when a man knows he is to be hanged in a fortnight, it concentrates his mind wonderfully.

Soyez-en sûr, Monsieur, lorsqu'un homme sait qu'il sera pendu dans une quinzaine de jours, son esprit est merveilleusement concentré.

Samuel Johnson

720 Nothing is so useless as a general maxim.

Rien n'est plus inutile qu'une maxime générale.

Thomas Babington Macaulay

721 Alas, Lord and Lady Dalhousie are dead and buried at last/ Which causes many people to feel a little downcast.

Hélas, Lord et Lady Dalhousie sont morts et enfin enterrés/ Ce qui pousse de nombreuses personnes à se sentir un peu abattues.

William McGonagall

722 Sit on your arse for fifty years and hang your hat on a pension.

Asseyez-vous sur votre cul pendant cinquante ans et ne comptez pas trop sur une retraite.

Louis MacNiece

723 Come live with me and be my love/ And we will all the pleasures prove/ That valleys, groves, hills and fields/ Woods or steepy mountain yields.

Venez vivre avec moi et devenez mon amant/ Et nous goûterons à tous les plaisirs/ Que les vallées, les bosquets, les collines, les champs/ Les bois et les montagnes escarpées réservent.

Christopher Marlowe

724 From each according to his abilities, to each according to his needs.

De chacun selon ses capacités, à chacun selon ses besoins. *Louis Blanc*

725 In England justice is open to all, like the Ritz hotel.

En Angleterre, la justice est ouverte à tous, comme l'hôtel Ritz. *Sir James Mathew*

726 As I was going up the stair I met a man who wasn't there. He wasn't there again today, I wish, I wish he'd go away.

Comme je montais les escaliers, j'ai rencontré un homme qui n'était pas là. Il n'y était pas de nouveau aujourd'hui, je souhaite, je souhaite, qu'il parte. *William Hughes Mearns*

727 Whom the gods love dies young.

Ceux que les dieux aiment meurent jeunes. *Proverb*

728 Hush, hush whisper who dares: Christopher Robin is saying his prayers.

Silence, silence, chuchotez si vous l'osez : Christopher Robin est en train de dire ses prières. *A A Milne*

729 The meek shall inherit the earth, but not the mineral rights.

Le humbles hériteront la terre, mais pas des droits miniers. *J Paul Getty*

730 Aunt Maria flung herself on the curate: O Mr Hodgits, I heard her cry, You are brave. For my sake do not be rash. He was not rash.

Tante Maria se jeta sur le curé : « Oh Mr Hodgits », l'entendis-je s'écrier, « Vous êtes courageux. Je vous le conjure, ne soyez pas imprudent. » Il n'était pas imprudent. *Kenneth Graham*

731 There are one hundred and ninety-three species of monkeys and apes. One hundred and ninety-two of them are covered with hair. The exception is a naked ape self-named Homo Sapiens.

Il y a cent quatre-vingt-treize espèces de singes et de gorilles. Cent quatre-vingt-douze d'entre elles sont couvertes de poils. L'exception est un singe nu qui s'est lui-même appelé Homo Sapiens. *Desmond Morris*

732 My folks didn't come over on the Mayflower. They met the boat.

Mes ancêtres ne sont pas arrivés sur le Mayflower. Ils sont allés accueillir le bateau.

Will Rogers

733 Few people can be happy unless they hate some other person, nation, or creed.

Il est difficile d'être heureux si on ne déteste pas une personne, une nation ou un credo.

Bertrand Russell

734 All the privacy of a goldfish.

Toute la vie privée d'un poisson rouge.

Princess Margaret

735 Reading is thinking with someone else's head instead of your own.

La lecture, c'est penser non pas avec ta tête, mais avec celle d'un autre.

Arthur Schopenhauer

736 The first thing we'll do, let's kill all the lawyers.

La première chose à faire : Tuons tous les avocats.

William Shakespeare

737 The Saxon is not like the Norman. His manners are not so polite/ And he never means anything serious till he talks about justice and right.

Un Saxon n'est pas comme un Normand. Il n'est pas aussi poli/ Et il ne faut jamais le prendre au sérieux, jusqu'à ce qu'il parle de justice et de droit.

Rudyard Kipling

738 England and America are two countries separated by the same language.

L'Angleterre et l'Amérique sont deux pays divisés par la même langue.

George Bernard Shaw

739 You don't expect me to know what to say about a play, when I don't know who the author is, do you?

Vous ne vous attendez pas à ce que je vous dise ce que je pense d'une pièce de théâtre, sans en connaître l'auteur ?

Anon

740 I have a rendezvous with Death/ At some disputed barricade.

J'ai un rendez-vous avec la Mort/ Sur quelque barricade âprement disputée.

Alan Seeger

741 If I have seen further it is by standing on the shoulders of giants.

Si j'ai vu plus loin, c'est parce que je me tenais sur les épaules de géants.

Isaac Newton

742 Look for me by moonlight;/ Watch for me by moonlight;/ I'll come to thee by moonlight, though hell should bar the way.

Cherche-moi au clair de lune,/ Regarde si tu me trouves au clair de lune,/ Je viendrai vous voir au clair de lune, même si l'enfer m'en empêche.

Alfred Noyes

743 No more things should be presumed to exist than are absolutely necessary.

On ne devrait pas présumer de l'existence d'autres choses si ce n'est celles dont on a absolument besoin.

Occam's razor

744 All animals are equal but some animals are more equal than others.

Tous les animaux sont égaux mais certains le sont plus que d'autres.

George Orwell

745 As long as war is regarded as wicked it will always have its fascination. When it is looked upon as vulgar it will cease to be popular.

Tant que la guerre sera considérée comme néfaste, elle gardera sa fascination. Lorsque ce sera considéré comme vulgaire, ce ne sera plus populaire.

Oscar Wilde

746 This book is not concerned with Poetry. The subject is War, and the Pity of War. The Poetry is in the pity.

Ce livre ne s'intéresse pas à la Poésie. Il parle de la Guerre et de la Pitié de la guerre. La Poésie est dans la Pitié.

Wilfred Owen

747 Why is it no one ever sent me yet/ One perfect limousine, do you suppose? Ah no it's always just my luck to get/ One perfect rose.

À votre avis, pourquoi personne ne m'a jamais envoyé/ Une somptueuse limousine ? Non, c'est bien ma chance que l'on me fasse parvenir/ Une somptueuse rose.
Dorothy Parker

748 Work expands so as to fill the time available for its completion.

Le travail s'étend de façon à remplir le temps qui est imparti pour l'achever.
Cyril Northcote Parkinson

749 Poems are made by fools like me/ But only God can make a tree.

Les poèmes sont faits par des idiots comme moi/ Mais seul Dieu peut faire un arbre.
Joyce Kilmer

750 The vicar of St Ives says the smell of fish there is sometimes so terrific as to stop the church clock.

Le curé de St Ives dit que l'odeur de poisson est là-bas parfois si forte que l'horloge de l'église s'arrête.
Revd. Francis Kilvert

751 For a long time, I used to go to bed early.

Pendant très longtemps, j'avais l'habitude de me coucher très tôt.
Marcel Proust

752 Never do today what you can put off till tomorrow.

Ne jamais faire aujourd'hui ce que l'on peut faire demain.
Aaron Burr

753 I used your soap two years ago; since then I have used no other.

J'ai utilisé votre savon il y a deux ans. Depuis, je n'en ai utilisé aucun autre.
Punch

754 The appetite grows the more you eat.

L'appétit vient en mangeant.
Rabelais

755 She has ideas above her station.

Elle a des idées au-dessus de sa gare.
Howler

756 Nation shall speak peace unto nation.

Les nations discuteront en paix.

BBC Coat of Arms

757 Let me assert my firm belief that the only thing we have to fear is fear itself.

Laissez-moi affirmer ma conviction profonde que la seule chose dont nous devons avoir peur est la peur elle-même.

Franklin D Roosevelt

758 Better by far that you should forget and smile/ Than you should remember and be sad.

Il vaut bien mieux oublier et sourire/ Que se souvenir et regretter.

Christina Rossetti

759 Any man who hates dogs and babies can't be all bad.

Toute personne qui déteste les chiens et les bébés ne peut pas être foncièrement mauvaise.

Leo Rosten

760 Man was born free, and everywhere he is in chains.

L'homme est né libre et partout il est enchaîné.

Jean-Jacques Rousseau

761 Waldo is one of those people who would be enormously improved by death.

Waldo est l'une de ces personnes qui gagneraient énormément à être mort.

H H Munro

762 As I grow older and older/ And totter towards the tomb/ I find that I care less and less/ Who goes to bed with whom.

Alors que les années passent/ Et que je titube vers mon tombeau/ Je trouve que je me fiche de plus en plus/ De qui couche avec qui.

Dorothy L Sayers

763 Back of the bar in a solo game sat Dangerous Dan McGrew. And watching his luck was his light o' love, the lady that's known as Lou.

A l'arrière du bar, en jouant du Solo, s'est assis Dangerous Dan McGrew,/ Et l'observant de loin ses progrès, l'objet de son amour, la fille qui s'appelait Lou.

Robert Service

764 To be or not to be: that is the question.

Être ou ne pas être, telle est la question.

William Shakespeare

765 I met a traveller from an antique land/ Who said: Two vast and trunkless legs of stone/ Stand in the desert.

J'ai rencontré un voyageur d'une terre antique/ Il me dit : deux immenses jambes en pierre, sans torse/ S'élèvent dans le desert.

Percy Bysshe Shelley

766 Speak softly and carry a big stick.

Parle doucement et porte un gros bâton.

Theodore Roosevelt

767 Somebody is boring me. I think it's me.

Quelqu'un m'ennuie et je crois que c'est moi.

Dylan Thomas

768 And it is at that word 'hummy', my darlings, at which Tonstant Weader Fwowed up.

Et en entendant le mot « Hummy » mes chèrs, Tonstant Weader à Vomi.

Dorothy Parker

769 No man is pleased to have his all neglected, be it ever so little.

Aucun homme ne souhaite voir son tout négligé, même si ce n'est pas grand-chose.

Samuel Johnson

770 It resembles a tortoise-shell cat having a fit in a plate of tomatoes.

Il ressemble à un chat, écaille et blanc, qui pique une crise dans un plat de tomates.

Mark Twain

771 His pictures seem to resemble, not pictures, but a sample book of patterns for linoleum.

Ses dessins ne ressemblent pas à des dessins, mais plutôt à un livre dans lequel sont présentés différents motifs de linoléum.

Cyril Asquith

772 How can I take an interest in my work when I don't like it?

Comment pourrais-je m'intéresser à mon travail alors que je ne l'aime pas ?

Anon

773 It is quite untrue that English people don't appreciate music. They may not understand it but they absolutely love the noise it makes.

Il est tout à fait faux que les Anglais n'apprécient pas la musique. Ils ne la comprennent pas peut-être ; mais ils aiment tellement le bruit.

Thomas Beecham

774 Anyone might become a homosexualist who had once seen Glenda Jackson naked.

N'importe qui deviendrait un homosexuel après avoir vu Glenda Jackson nue.

Auberon Waugh

775 She looked as though butter wouldn't melt in her mouth – or anywhere else.

On lui donnerait le bon Dieu sans confession, sans rien même.

Elsa Lanchester on Maureen O'Hara

776 Miss Keaton believes in God. But she also believes that the radio works because there are tiny people inside it.

Madame Keaton croit en Dieu. Mais elle pense aussi que de tout petits hommes, là-dedans, font fonctionner son poste de radio.

Woody Allen

777 He deserves to be preached to death by wild curates.

Il mérite d'être sermonné jusqu'à la mort par des curés sauvages.

Sydney Smith

778 I'm not as think as you drunk I am.

Je ne suis pas aussi croyez que vous le saoul !

Brendon Urie

779 I have no relish for the country; it is a kind of healthy grave.

Je n'aime pas la campagne ; c'est un tombeau qui est bon pour la santé.

H L Mencken

780 The unexamined life is not worth living.
Une vie que l'on mène sans s'interroger ne mérite pas d'être vécue.
Socrates

781 And he that strives to touch the stars/ Oft stumbles at a straw.
Et lui qui s'efforce de toucher les étoiles/ Trébuche souvent sur une paille.
Edmund Spenser

782 'My brother Toby is to marry Mrs Wadman',quoth she. 'Then he will never' quoth my father, 'lie diagonally in his bed again.'
« Mon frère Toby va épouser Mme Wadman », dit-elle. « Alors », dit mon père, « il ne pourra plus se coucher diagonalement dans son lit ».
Laurence Sterne

783 It was high counsel that I once heard given to a young person: always do what you are afraid to do.
C'est un excellent conseil que j'ai jadis entendu donner à une jeune personne : faites toujours ce que vous avez peur de faire.
Ralph Waldo Emerson

784 Politics is perhaps the only profession for which no preparation is thought necessary.
La politique est peut-être la seule profession où toute préparation est jugée inutile.
Robert Louis Stevenson

785 Life is sexually transmitted.
La vie est sexuellement transmise.
RD Laing

786 We are so fond of one another because our ailments are the same.
Nous nous apprécions beaucoup parce que nous partageons les mêmes maux.
Jonathan Swift

787 Thou hast conquered, O pale Galilean; the world has grown grey from thy breath.
Vous avez conquis, O pâle Galiléen ; le monde a vieilli sous votre souffle.
Algernon Charles Swinburne

788 So all day long the noise of battle rolled/ Among the mountains by the winter sea.

Toute la journée, le bruit de la guerre grondait,/ Parmi les montagnes près de la mer d'hiver.

Alfred Lord Tennyson

789 Long experience has taught me that in England nobody goes to the theatre unless he or she has bronchitis.

Les années m'ont appris qu'en Angleterre personne ne va au théâtre à moins d'avoir une bronchite.

James Agate

790 He hasn't an enemy in the world, and none of his friends like him.

On ne lui connait aucun ennemi. Et aucun de ses amis ne manifeste de l'amitié pour lui.

Oscar Wilde

791 When I split an infinitive, god damn it, I split it so it stays split.

Lorsque je sépare l'auxiliaire du participe passé, bon sang, je les sépare pour qu'ils restent séparés.

Raymond Chandler

792 Advertising is the rattling of a stick inside a swill bucket.

La publicité, c'est le bruit d'un bâton que l'on tape dans un sceau de pâtée.

George Orwell

793 Conscience is the inner voice that warns us somebody may be looking.

La conscience, c'est cette voix intérieure qui nous avertit que quelqu'un nous observe peut-être.

H L Mencken

794 Dost thou think that because thou art virtuous, there shall be no more cakes and ale?

Croyez-vous que parce que vous êtes vertueux, il ne devrait plus y avoir de gâteaux et de bière ?

William Shakespeare

795 There is a very good saying that if triangles invented a god, they would make him three-sided.

Il y a un tres bon dicton que si les triangles avaient un Dieu, il serait trilatéral.

Michel de Montesquieu

796 Every day people are straying away from church and going back to God. Really.

Tous les jours, les gens quittent l'église pour se rallier à Dieu. Véritablement.

Lenny Bruce

797 Women are wiser than men because they know less and understand more.

Les femmes sont plus avisées que les hommes car elles en savent moins mais comprennent plus.

James Thurber

798 If God would give thee the grace to see yoursel' the way that others see ye, ye would throw your dinner up.

Si Dieu vous montrait comment vous êtes à travers les yeux des autres, vous vomiriez le contenu de votre repas.

Anon

799 My name is Ozymandias, king of kings/ 'Look on my works ye mighty and despair!'/ Nothing beside remains. Round the decay/ Of that colossal wreck, boundless and bare/ The lone and level sands stretch far away.

« Je m'appelle Ozymandias, roi des rois/ Observez mes travaux, vous puissants et désespérez – vous ! »/ Rien de plus ne subsiste. Autour des ruines/ De cette épave colossale/ Les sables nus et réguliers s'étendent à l'infini.

Percy Bysshe Shelley

800 All religions issue Bibles against Satan, and say the most injurious things against him, but we never hear his side.

Toutes les religions nous mettent en garde contre Satan et tiennent des discours injurieux à son égard, mais nous n'entendons jamais sa version des choses.

Mark Twain

801 Where my caravan has rested/ Flowers I leave you on the grass.

Là où ma caravane s'est posée/ Je vous laisse des fleurs sur l'herbe.

E F Lochart

802 Seek not to know who said this or that, but take note of what has been said.

N'essayez pas de savoir qui a dit ceci ou cela mais notez ce qui vient d'être dit.

Anon

803   I'm Charlie's aunt from Brazil – where the nuts come from.
   Je suis la tante de Charlie du Brésil – le pays des noix.

   Brandon Thomas

804   Yes, I remember Adlestrop – / The name, because one afternoon/ Of heat the express train drew up there/ Unwontedly. It was late June.
   Oui, je me souviens de Adlestrop – / Le nom m'est familier car un après-midi/ de chaleur, l'express s'y est arrêté/ par hasard. C'était fin juin.

   Edward Thomas

805   The mass of men lead lives of quiet desperation.
   La plupart des hommes mènent une vie de désespoir caché.

   Henry David Thoreau

806   God's finger touched him and he slept.
   La main de Dieu l'a touché et il s'est endormi. *Alfred Lord Tennyson*

807   Abstinence is as easy to me as temperance would be difficult.
   L'abstinence est pour moi aussi facile que la modération serait difficile.

   Samuel Johnson

808   All right, Have it your way – you heard a seal bark.
   D'accord, vous avez gagné : vous avez entendu un phoque aboyer.

   James Thurber

809   Disinterested intellectual curiosity is the life blood of real civilization.
   La curiosité intellectuelle désintéressée est le ciment de toutes les grandes civilisations.

   G M Trevelyan

810   I never understand anything until I have written about it.
   Je ne comprends jamais rien avant que je ne l'écrive.

   Anon

811   One man's fish is another man's poisson.
   Le bonheur des uns fait le malheur des autres.

   Mark Gatiss

812 A bishop keeps on saying at the age of eighty what he was told to say at the age of eighteen.

Un évêque continue de raconter à quatre-vingt ans ce qu'on lui a dit de raconter à l'âge de vingt-ans.

Oscar Wilde

813 It's dogged that does it. It ain't thinking about it.

C'est par la ténacité que l'on y arrive et non par la réflexion.

Anthony Trollope

814 Grief is a species of idleness.

L'affliction est une espèce d'oisiveté.

Samuel Johnson

815 If you can't stand the heat, get out of the kitchen.

Si tu ne supportes pas la chaleur, sors de la cuisine.

Harry Truman

816 They spell it Vinci and pronounce it Vinchy; foreigners always spell better than they pronounce.

Ils prononcent Vinci comme Vinchy. Les étrangers écrivent toujours mieux qu'ils ne prononcent.

Mark Twain

817 The hand that rocks the cradle is the hand that rules the world.

La main qui balance le berceau est celle qui dirige le monde

William Ross Wallace

818 What I am waiting for is a film about beautiful identical quintuplets who all love the same man.

Ce que j'aimerais voir, c'est un film sur de belles quintuplettes qui aiment toutes le même homme.

Anon

819 She looked as if she had been poured into her clothes and had forgotten to say 'when'.

On aurait dit qu'elle avait été versée dans ses habits et qu'elle avait oublié de dire « Stop ».

P G Wodehouse

820 All the things I really like to do are either immoral, illegal or fattening.

Toutes les choses que j'aime vraiment faire sont soit immorales, illégales ou alors elles me font grossir.
Alexander Woollcott

821 An ambassador is an honest man sent abroad to lie for his country.

Un ambassadeur, c'est quelqu'un d'honnête que l'on envoie à l'étranger pour mentir pour son pays.
Sir Henry Wotton

822 She only said: 'My life is dreary, He cometh not' she said/ She said 'I am aweary aweary.I would that I were dead.'

« Ma vie est morne », dit-elle. « Il ne vient pas », dit-elle/ Elle dit « Je suis fatiguée, fatiguée, j'aimerais mourir. »
Alfred Lord Tennyson

823 Puritanism; The haunting fear that someone, somewhere, may be happy.

Le puritanisme : cette peur obsédante que quelqu'un, quelque part, puisse être heureux.
H L Mencken

824 Father, I cannot tell a lie, I did it with my little hatchet.

Père, je ne peux pas vous mentir, j'ai coupé le cerisier avec ma hachette.
George Washington

825 Feather-footed through the plashy fen passes the questing vole.

D'un pas léger à travers les marécages, le campagnol curieux passe.
Evelyn Waugh

826 I always say that, next to a battle lost, the greatest misery is a battle gained.

Je dis toujours à propos des plus grandes misères qu'il y a en premier les batailles que l'on perd et ensuite celles que l'on gagne.
Duke of Wellington

827 Laugh and the world laughs with you; weep and you weep alone/ For the sad old earth must borrow its mirth/ But has trouble enough with its own.

Réjouissez-vous, et les gens rechercheront votre compagnie ; Ayez de la peine, et ils se détourneront de vous. Ils veulent prendre part à tous vos plaisirs, mais ils n'ont pas besoin de vos malheurs.
Ella Wheeler Wilcox

828 What with browsing and sluicing and cheery conversation and what-not the afternoon passed quite happily.

Au fil des conversations joviales, de manger et de boire, l'après-midi s'est déroulé joyeusement.
P G Wodehouse

829 Not a drum was heard, not a funeral note/ As his corse to the rampart we hurried.

Point d'adieux du soldat ni de tambour funéraire, sur un brancard, nous le transportions avec hâte jusqu'au rempart.
Charles Wolfe

830 I do not wish women to have power over men; but over themselves.

Je ne désire pas que les femmes contrôlent les hommes, mais qu'elles se contrôlent elles-mêmes.
Mary Wollstonecraft

831 Bliss was it in that dawn to be alive/ But to be young was very heaven.

Le bonheur était d'être vivant, là à l'aube de la vie/ Mais être jeune était le paradis.
William Wordsworth

832 He first deceased; she for a little tried/ To live without him, liked it not and died.

Il s'est éteint en premier, elle a quelques temps essayé/ De vivre sans lui, elle n'aimait pas ça et elle en est morte.
Henry Wotton

833 They flee from me that sometime did me seek.

Ils me fuient ceux qui jadis me cherchaient.
Sir Thomas Wyatt

834 Down by the salley gardens my love and I did meet./ She passed the salley gardens with little snow-white feet.

Par les jardins de saules, mon amour et moi nous sommes rencontrés./ Elle passa les jardins de saules de ses petits pieds blancs comme neige.
William Butler Yeats

835 Be wise with speed: a fool at forty is a fool indeed.

Soyez sage rapidement, car un sot à quarante ans est sot réellement.
Edward Young

836   Get your facts first, and then you can distort them as much as you please.

Établissez d'abord les faits et ensuite vous pourrez les déformer comme bon vous semble.

Mark Twain

837   When I die, I want to go peacefully like my grandfather did–in his sleep. Not yelling and screaming like the passengers in his car.

Quand je meurs, je voudrais partir en paix comme mon grand-père dans son sommeil et non pas en criant et hurlant comme l'ont fait les passagers dans la voiture qu'il conduisait.

Bob Monkhouse

838   The scientific theory I like best is that the rings of Saturn are composed entirely of lost airline luggage.

La théorie scientifique que je préfère est celle qui affirme que les anneaux de Saturne sont composés exclusivement de bagages d'avion perdus.

Mark Russell

839   First the doctor told me the good news: I was going to have a disease named after me.

Pour commencer, le docteur m'a annoncé une bonne nouvelle : que j'avais une maladie qui portera mon nom.

Steve Martin

840   A bargain is something you don't need at a price you can't resist.

Une bonne affaire, c'est quelque chose au prix duquel vous ne pouvez pas résister et dont vous n'avez pas besoin.

Franklin Jones

841   Never, under any circumstances, take a sleeping pill and a laxative on the same night.

Ne prenez en aucune circonstance à la fois un somnifère et un laxatif.

Dave Barry

842   The English country gentleman galloping after a fox – the unspeakable in full pursuit of the uneatable.

Le gentleman anglais à la poursuite du renard – L'épouvantable à la poursuite de l'immangeable.

Oscar Wilde

843 I intend to live forever. So far, so good.

J'espère vivre éternellement. Jusque là, tout va bien. *Steven Wright*

844 We've all heard that a million monkeys banging on a million typewriters will eventually reproduce the entire works of Shakespeare. Now, thanks to the Internet, we know this is not true.

Nous avons tous entendu dire que s'il y avait un million de singes qui tapaient chacun sur une machine à écrire, ils finiraient par reproduire l'œuvre complète de Shakespeare. Maintenant, grâce à internet, on sait que ce n'est pas vrai. *Robert Wilensky*

845 Corneille is to Shakespeare as a clipped hedge is to a forest.

Corneille est à Shakespeare ce qu'une haie taillée est à la forêt.

Samuel Johnson

846 In heaven an angel is nobody in particular.

Au paradis, un ange, c'est juste quelqu'un comme un autre.

George Bernard Shaw

847 I dream of a better tomorrow, where chickens can cross the road and not be questioned about their motives.

Je rêve qu'un jour, nous vivrons dans un monde meilleur où les poules peuvent traverser la rue sans être obligées d'expliquer leur motivation. *Ralph Waldo Emerson*

848 To cease smoking is the easiest thing I ever did; I ought to know because I've done it a thousand times.

Il n'y a rien de plus simple que d'arrêter de fumer. Je l'ai déjà fait un millier de fois. *Mark Twain*

849 I am a bear of very little brain, and long words bother me.

Je suis un ours avec très peu d'esprit, et les longs mots me causent des soucis. *A A Milne*

850 The trouble with eating Italian food is that five or six days later, you're hungry again.

Le problème avec la cuisine italienne, c'est qu'au bout de cinq ou six jours, vous avez à nouveau faim.

George Miller

851 My husband wanted one of those big-screen TVs for his birthday. So I just moved his chair closer to the one we have already.

Mon mari voulait une de ces télés grand écrans pour son anniversaire. Alors, j'ai rapproché sa chaise de notre vieille télé.

Seth Myers

852 Bisexuality immediately doubles your chances for a date on Saturday night.

La bisexualité double les chances de rencontrer quelqu'un le samedi soir.

Woody Allen

853 You know you're getting old when you stoop to tie your shoelaces and wonder what else you could do while you're down there.

Vous savez que vous devenez vieux quand vous vous baissez pour serrer vos lacets de chaussures et que vous vous demandez s'il y a autre chose que vous pourriez également faire pendant que vous êtes en bas.

George Burns

854 You can pretend to be serious; but you can't pretend to be witty.

Vous pouvez faire semblant d'être sérieux mais vous ne pouvez pas faire semblant d'avoir de l'esprit.

Sacha Guitry

855 Next to being witty, the best thing is being able to quote another's wit.

Pouvoir citer les bons mots des autres est une des meilleures choses après avoir soi-même de l'esprit.

Christian Nestell Bovee

856 My heart leaps up when I behold/ A rainbow in the sky.

Mon cœur s'emballe lorsque je contemple un arc en ciel.

William Wordsworth

857 Generally speaking, there is more wit than talent in the world. Society swarms with witty people who lack talent.

De manière générale et dans le monde, l'esprit est plus répandu que le talent. La société regorge de gens spirituels et manquant de talent.

Antoine Rivarol

858 Wagner has beautiful moments but ghastly quarters of an hour.

Monsieur Wagner a de beaux moments mais de mauvais quart d'heures.

Gioacchino Rossini

859 The fool doth think he is wise, but the wise man knows himself to be a fool.

Le fou se croit sage mais le sage se reconnaît fou.

William Shakespeare

860 What if I had said instead of 'We shall fight on the beaches', 'Hostilities will be engaged with our adversary on the coastal perimeter'?

Et si à la place de dire « Nous allons nous battre sur les plages », je vous disais « Les hostilités contre notre adversaire débuteront sur le périmètre côtier ? »

Winston Churchill

861 A very little wit is valued in a woman; as we are pleased with a few words spoken plain by a parrot.

Une très petite dose d'esprit est estimée chez une femme, tout comme nous aimons quelques mots clairement articulés par un perroquet.

Jonathan Swift

862 Whatever women do they must do twice as well as men to be thought half as good. Luckily this is not difficult.

Quoiqu'elle fasse, la femme doit le faire deux fois mieux que l'homme afin qu'on en pense autant de bien. Heureusement, ce n'est pas difficile.

Charlotte Whitton

863 By the time you swear you are his, shivering and sighing/ And he vows his passion is/ infinite undying – lady make a note of this: one of you is lying.

Lorsque tu lui jures fidélité, tremblante et soupirante/ Et qu'il te jure que sa passion pour toi sera éternelle – ma belle, souviens-toi d'une chose : l'un de vous deux ment.

Dorothy Parker

864 No man is pleased to have his all neglected, be it ever so little.

Aucun homme n'aime se voir tout refuser, aussi petite fusse sa requête.

Samuel Johnson

865 This deadly, winking, sniggering, snuggling, chromium-plated, scent-impregnated, luminous, quivering, giggling fruit-flavoured, mincing, ice-covered heap of mother love.

Ce monticule mortel, cillant, ricanant, caressant, chromé, imprégné de senteurs, lumineux, frémissant, gloussant, parfumé aux fruits, précieux et glacé d'amour maternel.

Cassandra (on Liberace)

866 His mother should have thrown him away and kept the stork.

Sa mère aurait dû le jeter et garder la cigogne.

Mae West

867 That all men are equal is a proposition to which, at ordinary times, no sane individual has given his assent.

La proposition selon laquelle tous les hommes seraient égaux est, en temps normal, une déclaration à laquelle aucune personne saine d'esprit pourrait adhérer.

Aldous Huxley

868 Nothing but a pack of lies.

Rien d'autre qu'un tissu de mensonges.

Damon Runyon (on Alice in Wonderland)

869 From the moment I picked up your book I was convulsed in laughter. Some day I intend to read it.

Dès que j'ai ouvert votre livre, je me suis tordu de rire. J'ai l'intention de le lire un de ces jours.

Groucho Marx

870 Operationally, God is beginning to resemble not a ruler but the last fading smile of a Cheshire cat.

Fonctionnellement, Dieu commence à ressembler non pas à un Seigneur, mais au dernier reste de sourire d'une « fable cosmique ».

Julian Huxley

871 Nobody did anything very foolish except from some strong principle.

Personne ne fit quoi que ce soit d'idiot mis à part défendre avec véhémence certains principes
Lord Melbourne

872 Tears, idle tears, I know not what they mean/ Tears from the depths of some divine despair/ Rise in the heart and gather in the eyes/ In looking on the happy autumn fields/ And thinking of the days that are no more.

Larmes, ô vaines larmes, je ne sais ce qu'elles veulent/ Les larmes qui du fond d'un divin désespoir/ Sourdes au cœur et s'amassent aux yeux/ À la vue des heureux champs d'automne/ À la pensée des jours qui ne sont plus.
Alfred Lord Tennyson

873 Religion is the masterpiece of the art of animal training, for it trains people as to how they shall think.

La religion est le joyau de l'art du dressage des animaux car elle dicte aux gens ce qu'ils devraient penser.
Arthur Schopenhauer

874 Experience is simply the name we give our mistakes.

Toutes les erreurs que nous commettons, nous appelons cela de l'expérience.
Oscar Wilde

875 Men of genius are rarely much annoyed by the company of vulgar people.

Les hommes de génie ne s'ennuient que très rarement en compagnie des gens vulgaires.
Samuel Taylor Coleridge

876 'Know thyself?' If I knew myself, I'd run away

« Connais-toi toi-même ? » Si je me connaissais, je fuirais
Goethe

877 We are near waking when we dream we are dreaming.

Nous sommes près de nous réveiller quand nous rêvons que nous rêvons.
Novalis

878 He who is not very strong in memory should not meddle with lying.

Celui qui n'a pas une bonne mémoire ne doit pas s'aviser de mentir.
Michel de Montaigne

879 Read over your compositions and wherever you meet with a passage which you think is particularly fine, strike it out.

Relisez vos écrits et lorsqu'un passage vous semble particulièrement réussi, rayez-le.

Samuel Johnson

880 She bid me take life easy as the grass grows on the weirs;/ But I was young and foolish and now am full of tears.

Elle me demanda de prendre la vie simplement, comme l'herbe qui pousse sur les barrages ;/ Mais j'étais jeune et stupide, et maintenant suis plein de larmes.

William Butler Yeats

881 A healthy appetite for righteousness, kept in due control by good manners, is an excellent thing; but to 'hunger and thirst' after it is often merely a symptom of spiritual diabetes.

Un grand appétit de justice, gardée sous contrôle par les bonnes manières, est une excellente chose ; mais en être affamé et assoiffé n'est souvent qu'un symptôme de diabète spirituel.

C D Broad

882 Hope is generally a wrong guide, though it is very good company by the way.

L'espoir est généralement mauvais guide, bien qu'il soit quand même une très bonne compagnie.

George Savile, Marquis of Halifax

883 Neither man nor woman can be worth anything until they have discovered they are fools. This is the first step towards becoming either estimable or agreeable; and until it is taken there is no hope.

Ni l'homme ni la femme ne valent rien tant qu'ils n'ont pas découvert qu'ils sont idiots. C'est la première étape pour devenir soit estimable, soit agréable. Et tant qu'elle n'est pas franchie, il n'y a aucun espoir.

Lord Melbourne

884 I am the Roman Emperor and am above grammar.

Je suis l'Empereur romain et supérieur aux lois de la grammaire.

Sigismond

885 Why don't you naff off.

Fichez le camp.

Princesse Anne

886 A woman is only a woman/ But a good cigar is a smoke.

Une femme est seulement une femme, mais un bon cigare c'est tout un arôme.

Rudyard Kipling

887 Certain women should be struck regularly, like gongs.

Certaines femmes devraient être battues régulièrement, comme des gongs.

Noël Coward

888 Bigamy is having one husband too many. Monogamy is the same.

La bigamie, c'est avoir un mari en trop. La monogamie, c'est pareil.

Erica Jong

889 You have sent me a Flanders mare.

Tu m'as envoyé une jument des Flandres.

Henry VIII

890 All my wife has taken from the Mediterranean – from that whole vast intuitive culture – are four bottles of Chianti to make into lamps, and two china condiment donkeys labelled Sally and Peppy.

Tout ce que ma femme a trouvé à prendre de la Méditerranée – parmi toute cette vaste culture intuitive – ce sont quatre bouteilles de Chianti pour en faire des lampes et deux ânes de condiment chinois nommés Sally et Peppy.

Peter Shaffer

891 It is no use you telling me there are good aunts and bad aunts, at the core they are all alike. Sooner or later out pops the cloven hoof.

Il ne sert à rien de me dire qu'il y a des bonnes tantes et des mauvaises tantes. Dans le fond, elles sont toutes les mêmes. Tôt ou tard, le sabot fendu ressort.

P G Wodehouse

892 The three ages of man: youth, middle age, and 'You're looking well Enoch'.

La vie d'un homme se divise en trois grandes périodes : la jeunesse, l'âge mûr et « Tu as l'air en forme Enoch ».

Enoch Powell

893 Do you think my mind is maturing late or simply rotting early?

Tu penses que mon esprit mûrit tard ou qu'il pourrit simplement tôt ?

Ogden Nash

894 Man is the only animal that can remain on friendly terms with the victims he intends to eat until he eats them.

L'homme est le seul animal qui peut être l'ami de ses victimes jusqu'à ce qu'il les dévore.
Samuel Butler II

895 Very sorry, can't come. Lie follows by post.

Désolé de ne pouvoir assister à votre réception. Le mensonge suit par courrier.
Charles Beresford

896 As to etiquette, experience has taught us that those who matter don't mind and those who mind don't matter.

En ce qui concerne l'étiquette, l'expérience nous a montré que ceux qui comptent ne sont pas dérangés et ceux qui sont dérangés ne comptent pas.
Ambassadeur à un convive

897 A cucumber should be well sliced, and dressed with pepper and vinegar; and then thrown out as good for nothing.

Un concombre doit être finement coupé en tranche, et assaisonné avec du poivre et du vinaigre ; puis jeté comme un bon à rien.
Samuel Johnson

898 The French are a short blue-vested people who carry their own onions when cycling abroad, and have a yard that is 3.37 inches longer than other people's.

Les Français sont des personnes portant un court gilet bleu et pédalant l'oignon sous le bras lorsqu'à l'étranger, et qui ont un yard qui fait 3,37 pouces de plus que celui des autres.
Alan Coren

899 It usually takes me more than three weeks to prepare a good impromptu speech.

Pour moi un discours impromptu nécessite au moins trois semaines de préparation.
Mark Twain

900 America is the only nation in history which has miraculously gone from barbarism to degeneration without the usual interval of civilization.

Les États-Unis sont le seul pays de l'histoire à être miraculeusement passé de la barbarie à la décadence sans connaître la civilisation.
Georges Clemenceau

901 There won't be any revolution in America……the people are too clean. They spend all their time changing their shirts and washing themselves. You can't feel fierce and revolutionary in a bathroom.

Il n'y aura aucune révolution aux États-Unis… Les gens sont trop propres. Ils passent leur temps à changer de chemise et à se laver. Une salle de bains ne pousse ni à la férocité ni à la révolution.

Eric Linklater

902 He clasps the crag with crooked hands/ Close to the sun in lonely lands/ Ringed by the azure world he stands/ The wrinkled sea beneath him crawls/ He watches from his mountain walls/ And like a thunderbolt he falls.

Il agrippe le rocher avec ses mains crochues/ Proche du soleil dans des contrées solitaires/ Encerclé par l'azur du monde il se tient debout/ La mer ridée sous ses pieds roule inexorablement/ Il observe depuis les parois de sa montagne/ Et comme un éclair il tombe.

Alfred Lord Tennyson

903 Now of my threescore years and ten/ Twenty will not come again/ And take from seventy springs a score/ It only leaves me fifty more/ And since to look at things in bloom/ Fifty springs are little room/ About the woodlands I will go/ To see the cherry hung with snow.

Maintenant, du compte de mes années/ Vingt ans ne me reviendront plus/ Et si je les ôte à soixante-dix printemps/ Il ne m'en reste que cinquante :/ Puisque pour voir nature en fleurs/ Cinquante années sont peu d'espace/ En direction des bois j'irai/ Pour voir le cerisier en neige.

A E Housman

904 It is related of an Englishman that he hanged himself to avoid the daily task of dressing and undressing.

C'est l'histoire d'un Anglais qui s'est pendu pour éviter de devoir s'habiller et se déshabiller tous les jours.

Goethe

905 Winston had devoted the best years of his life to preparing his impromptu speeches.

Winston a consacré les meilleures années de sa vie à préparer ses discours impromptus.

F E Smith

906 As far as the 14th Earl is concerned, I suppose Mr Wilson, when you come to think of it, is the 14th Mr Wilson.

En ce qui concerne le 14e Comte, je suppose que M. Wilson, quand tu y penses, est le 14e M. Wilson.

Sir Alec Douglas-Home

907 Men marry women with the hope they will never change. Women marry men with the hope that they will change. Inevitably they are both disappointed.

L'homme épouse la femme dans l'espoir qu'elle ne changera pas. La femme épouse l'homme dans l'espoir qu'il changera. Inévitablement, tous sont déçus.

Albert Einstein

908 She dwelt among the untrodden ways/ Beside the springs of Dove/ A maid who there were none to praise/ And very few to love.

Elle empruntait les sentiers vierges/ À côté de la source du Dove/ Elle faisait l'objet d'aucun éloge/ Et elle n'avait presque personne qui pouvait l'aimer.

William Wordsworth

909 There is much to be said in favour of modern journalism. By giving us the opinions of the uneducated, it keeps us in touch with the ignorance of the community.

Il y a beaucoup à dire en faveur du journalisme moderne. En nous donnant l'avis d'incultes, il nous permet de rester en contact avec l'ignorance de la communauté.

Oscar Wilde

910 Henry James does not bite off more than he can chew but he chews more than he bites off.

On ne peut pas dire d'Henry James «qui trop embrasse, mal étreint», mais plutôt qu'il étreint plus qu'il n'embrasse.

Clover Adams

911 There is no settling the point of precedency between a louse and a flea.

Il est impossible de décider qui arrive en premier entre un pou et une puce.

Samuel Johnson

912 Madame there you sit with that magnificent instrument between your legs, and all you can do is scratch it.

Madame, vous avez entre les jambes un instrument qui peut donner du Plaisir, et tout ce que vous savez faire, c'est le gratter.

Toscanini (to a cellist)

913 Sinatra could be terribly nice one minute and, well, not so nice the next. I was not impressed by the creeps and Mafia types he kept around him.

Sinatra pouvait être vraiment sympa une minute, puis plus si sympa la minute suivante. Je n'étais pas impressionné par les sales types et les mafieux qui l'entouraient.

Prince Charles

914 Heaven, as conventionally conceived, is a place so inane, so dull, so useless, so miserable, that nobody has ever ventured to describe a whole day in heaven, though plenty of people have described a day at the seaside.

Le paradis, tel qu'il est habituellement décrit, est un endroit si inepte, si ennuyeux, si triste, que personne ne s'est jamais hasardé à en décrire une journée entière, bien que beaucoup aient raconté une journée au bord de la mer.

George Bernard Shaw

915 My dear child, you must believe in God in spite of what the clergy tell you.

Mon cher enfant, vous devez croire en Dieu, en dépit de ce que le clergé dit.

Benjamin Jowett

916 Bad weather is God's way of telling us to burn more Catholics.

Le mauvais temps est une manière pour Dieu de nous dire de brûler encore plus de Catholiques.

Rowan Atkinson (as Blackadder)

917 Alas, what should *we* do, said the little girl, if there was no God.

Hélas, que ferions-*nous*, dit la petite fille, s'il n'y avait pas Dieu.

Georg Christoph Lichtenberg

918 We have not reached the point where God exists.

On ne se trouve pas au point où Dieu existe.

Simone Weil

919 The only end of writing is to enable the readers better to enjoy life or better to endure it.

La seule fin de l'écriture est de permettre aux lecteurs de mieux profiter de la vie ou de mieux l'endurer.

Samuel Johnson

920 What men usually ask of God when they pray is that two and two not make four.

Ce que les hommes demandent généralement à Dieu lorsqu'ils prient, c'est que deux et deux ne fassent pas quatre.

Anon

921 There is no bore like a clever bore.

Il n'y a pas plus ennuyeux qu'un intelligent ennuyeux.

Samuel Butler II

922 Man was made at the end of the week's work when God was tired.

Dieu créa l'Homme à la fin de la semaine de travail quand Il était fatigué.

Mark Twain

923 There are many who dare not kill themselves for fear of what the neighbors might say.

Il y a bien des gens qui n'osent pas se suicider par peur de ce que diront les voisins.

Cyril Connolly

924 There is only one thing worse in the world than being talked about, and that is not being talked about.

Il n'y a qu'une seule chose qui soit pire au monde que d'être le sujet des conversations : c'est de ne point l'être.

Oscar Wilde

925 Nobody ever forgets where he buried the hatchet.

Personne n'oublie jamais où il a enterré la hachette.

Kin Hubbard

926 He who can lick can bite.

Qui peut lécher peut aussi mordre.

French proverb

927 Cauliflower is nothing but cabbage with a college education.

Le chou-fleur n'est pas autre chose qu'un chou qui est passé par l'université.
Mark Twain

928 Men are cleverer than women at reasoning, women are cleverer than men at drawing conclusions. A parliament in which the members were predominantly women would get through its legislation much quicker.

Les hommes sont plus intelligents que les femmes pour raisonner, les femmes sont plus intelligentes que les hommes pour tirer des conclusions. Un parlement dans lequel les membres seraient principalement des femmes obtiendrait plus rapidement sa législation.
Malcolm de Chazal

929 In love there is always one who kisses and one who offers the cheek.

En amour, l'un embrasse et l'autre tend la joue.
French proverb

930 Love does not consist in gazing at each other but in looking together in the same direction.

Aimer, ce n'est pas se regarder l'un l'autre, c'est regarder ensemble dans la même direction.
Saint-Exupéry

931 My dear friend, clear you *mind* of cant. You may *talk* in this manner; it is a mode of talking in society. But don't *think* foolishly.

Mon cher ami, chassez de votre *esprit* le jargon. Vous pouvez *parler* de cette façon ; c'est une manière de parler dans la société. Mais ne *pensez* pas bêtement.
Samuel Johnson

932 Some circumstantial evidence is very strong, as when you find a trout in the milk.

Le témoignage par induction est parfois très convaincant, surtout lorsqu'on trouve, par example, une truite dans le lait.
Henry David Thoreau

933 Once made equal to man, woman becomes his superior.

Une fois égale à l'homme, la femme est devenue son supérieur.
Socrates

934 Clever liars give details, but the cleverest don't.

Les menteurs intelligents donnent des détails, mais les plus intelligents ne le font pas.

Anon

935 The softer a man's head the louder his socks.

Plus douce est la tête d'un homme, plus bruyantes sont ses chaussettes.

Helen Rowland

936 Revenge is often like biting a dog because a dog bit you

La vengeance est souvent comme mordre un chien parce que le chien vous a mordu.

Austin O'Malley

937 In the midst of life we are in debt.

Au milieu de notre vie, nous sommes endettés.

Ethel Mumford Watts

938 Men have a much better time of it than women; for one thing they marry later; for another thing they die earlier.

Les hommes savent mieux organiser leur vie que les femmes : ils se marient plus tard et meurent plus tôt.

H L Mencken

939 Why can we remember the tiniest detail that has happened to us, and not remember how many times we have told it to the same person?

Pourquoi avons-nous assez de mémoire pour retenir jusqu'aux moindres particularités de ce qui nous est arrivé, et que nous n'en avons pas assez pour nous souvenir combien de fois nous les avons contées à une même personne ?

La Rochefoucauld

940 He uses statistics as a drunken man uses a lamppost – more for support than for illumination.

Il se sert des statistiques comme l'ivrogne d'un réverbère – pour s'y cramponner plutôt que pour s'éclairer.

Andrew Lang

941 Everyone has talent at twenty-five. The difficulty is to have it at fifty.

Tout le monde a du talent à vingt-cinq ans. Il est plus difficile d'en avoir à cinquante.

Edgar Degas

942   The reports of my death are greatly exaggerated.

Les nouvelles faisant état de ma mort sont vraiment exagérées

Mark Twain

943   Your manuscript is both good and original; but the part that is good is not original and the part that is original is not good.

Votre manuscrit est à la fois bon et original. Mais la partie qui est bonne n'est pas originale et la partie qui est originale n'est pas bonne.

Samuel Johnson

944   Twilight and evening bell, and after that the dark/ And may there be no sadness of farewell when I embark.

Crépuscule et cloche du soir, et puis après, la nuit !.../ Puisse l'adieu ne pas connaître la tristesse lorsque j'embarquerai.

Alfred Lord Tennyson

945   Man is a dog's idea of what God should be.

L'homme est l'idée qu'un chien se fait de Dieu.

Holbrook Jackson

946   Work is the greatest thing in the world, so we should always save some of it for tomorrow.

Le travail est la plus belle chose au monde, nous devrions donc toujours faire en sorte d'en garder un peu pour le lendemain.

Don Herold

947   Many are cold but few are frozen.

Beaucoup ont froid mais peu sont gelés.

Mark Martin

948   Although this may seem a paradox, all exact science is dominated by the idea of approximation.

Bien que cela puisse paraître paradoxal, toute science exacte est dominée par la notion d'approximation.

Bertrand Russell

949   The artist does not see things as they are, but as he is.

L'artiste ne voit pas les choses telles qu'elles sont, mais tel qu'il est.

Anon

950 Most artists are sincere and most art is bad, and some insincere art (sincerely insincere) can be quite good.

La plupart des artistes sont sincères et la plupart de l'art est mauvais, et certains arts insincères (sincèrement insincères) peuvent être plutôt bons.

Igor Stravinsky

951 The Creator made Italy from designs by Michelangelo.

Le Créateur a créé l'Italie à partir des œuvres de Michel-Angelo.

Mark Twain

952 In lapidary inscriptions a man is not upon oath.

Dans les inscriptions lapidaires, un homme n'est pas sous serment.

Samuel Johnson

953 No government can be long secure without a formidable opposition.

Aucun gouvernement n'est efficace sans une vigoureuse opposition.

Bejamin Disraeli

954 To lose one parent may be regarded as a misfortune; to lose both looks like carelessness.

Perdre un parent peut être vu comme un malheur, mais perdre les deux c'est de la négligence.

Oscar Wilde

955 Be careful how you interpret the world: It *is* like that.

Attention à ton interprétation du monde : il *est* comme ça.

Erich Heller

956 When I observed he was a fine cat, he said: Why yes sir, but I've had cats that I have liked better than this. And then, as if perceiving Hodge to be out of countenance, adding: But he's a very fine cat, a very fine cat indeed.

Lorsque j'eus constaté qu'il était un bon chat, il a dit : Oui, monsieur, mais j'ai eu des chats que j'ai mieux aimé que cela. Et puis, comme s'il percevait que Hodge perdait contenance, il ajouta : Mais c'est un très beau chat, un très beau chat, en effet.

Samuel Johnson

957 He is not the best statesman who is the greatest doer, but he who sets others doing with great success.

Le meilleur homme d'État n'est pas celui qui agit le plus, mais c'est celui qui entraîne les autres à agir.

Anon

958 What makes a nation great is not primarily its great men, but the stature of its innumerable mediocre ones.

Ce qui fait la force d'une nation, ce n'est pas essentiellement ses grands hommes, mais l'importance de ses innombrables hommes médiocres.

Ortega y Gasset

959 When you have eliminated the impossible, whatever remains, however improbable, must be the truth.

Lorsque vous avez éliminé l'impossible, ce qui reste, si improbable soit-il, est nécessairement la vérité.

Arthur Conan Doyl

960 No man but a blockhead ever wrote except for money.

Aucun homme, sauf un imbécile, n'a jamais écrit excepté pour l'argent.

Samuel Johnson

961 I do not mind lying, but I hate inaccuracy.

Le mensonge ne me gêne pas. Mais je déteste l'inexactitude.

Samuel Butler II

962 In science the credit goes to the man who convinces the world, not to the man to whom the idea first occurs.

Dans le domaine de la science, le mérite revient à celui qui convainc le monde entier, et non à celui qui a eu l'idée en premier.

Sir William Osler

963 Dogma does not mean the absence of thought, but the end of thought.

Le dogme ne signifie pas l'absence de pensée, mais la fin de la pensée.

Kierkegaard

964 Where there is no ventilation, fresh air is declared unwholesome.

Là où il n'y a pas de ventilation, l'air frais est considéré comme malsain.

George Bernard Shaw

965 I would live all my life in nonchalance and insouciance/ Were it not for making a living, which is rather a nousiance.

Je passerais toute ma vie dans la nonchalance et l'insouciance, n'était-ce l'obligation de gagner ma vie, ce qui est plutôt une « nouciance ».

Ogden Nash

966 Always, sir, set a high value on spontaneous kindness.

Attachez toujours, monsieur, une grande importance à la générosité spontanée.

Samuel Johnson

967 The woods decay, the woods decay and fall/ The vapours weep their burthen to the ground/ Man comes and tills the field and lies beneath/ And after many a summer dies the swan./ Me only cruel immortality consumes/ I wither slowly in thine arms/ Here at the quiet limit of the world.

Les bois pourrissent, les bois pourrissent et tombent/ Les vapeurs pleurent leurs fardeaux/ L'homme arrive, laboure la terre et se couche dessus/ Et après de nombreux étés, le cygne s'éteint./ Moi seule la cruelle immortalité ronge/ Je me flétris lentement dans tes bras/ Ici, à l'extrémité du monde.

Alfred Lord Tennyson

968 If you judge a fish by its ability to climb trees it will spend its whole life believing it's stupid.

Si on juge un poisson sur sa capacité à grimper à un arbre, il passera sa vie à croire qu'il est stupide.

Albert Einstein

969 Genius is the talent of a man who is dead.

Le génie est le talent d'un homme mort.

Edmond de Goncourt

970 If you are idle, be not solitary; if you are solitary, be not idle.

Si vous êtes oisif, ne soyez pas solitaire ; si vous êtes solitaire, ne soyez pas oisif.

Samuel Johnson

971 Twenty-two acknowledged concubines and a library of sixty-two thousand volumes attested the variety of his inclinations. And from the productions which he left behind him it appears that both the one and the other were designed for use rather than ostentation.

Vingt-deux concubines reconnues et une bibliothèque de quelques soixante milles ouvrages attestaient de la diversité de ses penchants. Et si l'on en juge par l'héritage qu'il a laissé, les uns comme les autres étaient destinés à l'usage et non purement ostentatoires.

Edward Gibbon

972 Well-washed and well-combed domestic pets grow dull; they miss the stimulus of fleas.

Les animaux domestiques bien lavés et bien brossés sont ennuyeux ; il leur manque la stimulation des puces.

Francis Galton

973 A poet in history is divine, but a poet in the next room is a joke.

Un poète dans l'histoire est divin, mais un poète dans la pièce voisine est une blague.

Max Eastman

974 You know who critics are? – the men who have failed in literature and art.

Savez-vous qui sont les critiques ? Les hommes qui ont échoué en littérature et en art.

Benjamin Disraeli

975 War is much too important a matter to be left to the generals.

La guerre est une chose trop importante pour être confiée à des militaires.

Georges Clemenceau

976 Epitaph: a belated advertisement for a line of goods that has been permanently discontinued.

Épitaphe : une publicité tardive pour une ligne de produits en rupture de stock permanente.

Irvin Shrewsbury Cobb

977 An honest politician is one who, when he is bought, will stay bought.

Un politicien honnête est celui qui, une fois corrompu, reste corrompu.

Simon Cameron

978 I have discovered the art of fooling diplomats: I speak the truth and they never believe me.

J'ai découvert l'art de tromper les diplomates : je dis la vérité et ils ne me croient jamais.

Benso di Cavour

979 He was not merely a chip off the old block, he was the old block itself.

Il n'avait pas simplement de qui tenir, il était celui de qui il tenait.

Edmund Burke

980 Shakespeare was a dramatist of note/ who lived by writing things to quote.

Shakespeare était un dramaturge notable/ qui vivait en écrivant des choses à citer.

Henry Cuyler Bunner

981 An onion will make me cry, but the only vegetable I have ever found to make me laugh is my sister-in-law.

Un oignon me fait pleurer, mais le seul légume que j'ai trouvé pour me faire rire est ma belle-sœur.

Nicolas Bentley

982 To me, old age is always fifteen years older than I am.

Pour moi, la vieillesse est toujours quinze ans de plus que mon âge actuel.

Bernard Baruch

983 A conference is a gathering of important people who singly can do nothing, but together can decide that nothing can be done.

Une conférence est une réunion de gens importants qui, pris séparément, ne peuvent rien faire mais qui, ensemble, peuvent décider que rien ne peut être fait.

Fred Allen

984 Sunset and evening star, and one clear call for me/ And may there be no moaning of the bar, when I put out to sea.

Soleil couchant, étoile du soir ! J'entends un clair appel./ Puisse la barre ne point gémir, le moment venu de mettre à la mer !

Alfred Lord Tennyson

985 When you come to a fork in the road, take it.

Lorsque vous arrivez à une bifurcation de la route, prenez-la.

Yogi Berra

986 Old age isn't so bad when you consider the alternatives.

La vieillesse n'est pas si mal quand on considère les alternatives.

Maurice Chevalier

987 Outside of a dog a book is man's best friend. Inside of a dog it is too dark to read.

En dehors du chien, le livre est le meilleur ami de l'homme. En dedans, il fait trop noir pour y lire.

Groucho Marx

988 Drawing on my fine command of language I said nothing

M'appuyant sur ma grande maîtrise de la langue, je restai silencieux.

Robert Benchley

989 The person who writes for fools is always sure of a large audience.

La personne qui écrit pour des imbéciles est toujours sûre d'un large public.

Arthur Schopenhauer

990 Into my heart an air that kills/ From yon far country blows/ What are those blue remembered hills/ What spires, what farms are those?/ That is the land of lost content, I see it shining plain/ The happy highways where I went/ And cannot come again.

Dans mon cœur souffle/ De ce lointain pays un air qui tue/ Quelles sont ces collines bleues à jamais gravées dans ma mémoire/ Quelles sont ces flèches, quelles sont ces fermes?/ C'est la terre de mes oublis, qui se dresse devant moi/ Les chemins du bonheur empruntés/ Où je ne retournerais jamais.

A E Housman

991 I don't care what is written about me as long as it isn't true.

Je ne me soucie pas de ce qui est écrit sur moi tant que ce n'est pas vrai.

Katherine Hepburn

992 Great works are performed not by strength, but by perseverance.

Les grandes œuvres sont réalisées non pas par la force, mais par la persévérance.

Samuel Johnson

993 The very essence of leadership is that you have to have vision. You can't blow an uncertain trumpet.

L'essence même du leadership est que vous devez avoir une vision. Vous ne pouvez pas sauter une trompette incertaine.

Theodore Hesburgh

994 Am I not destroying my enemies when I make friends of them?

Ne suis-je pas en train de détruire mes ennemis lorsque je fais d'eux mes amis ?

Abraham Lincoln

995 It is amazing how complete is the delusion that beauty is goodness.

Quelle étrange illusion de supposer que la beauté rime avec bonté.

Leo Tolstoy

996 Ask not what your country can do for you, ask what you can do for your country.

Ne vous demandez pas ce que votre pays peut faire pour vous, mais demandez-vous ce que vous pouvez faire pour votre pays.

J F Kennedy

997 Patriotism is your conviction that this country is superior to all other countries because you were born in it.

Le patriotisme est votre conviction que ce pays est supérieur à tous les autres, parce que vous y êtes né.

George Bernard Shaw

998 California is a fine place to live in if you happen to be an orange.

C'est merveilleux de vivre en Californie… à condition d'être une orange.

Fred Allen

999 Then let us roll,O all/ Our strength up in one ball/ And tear our pleasures with rough strife/ Through the iron gates of life/ Thus, though we cannot make our sun/ Stand still, yet we will make him run.

Roulons donc toutes nos forces en une seule boule et déchirons nous nos plaisirs à travers les grilles de fer de la vie ; et bien que nous ne puissions pas arrêter le soleil nous le forcerons au moins de courir.

Andrew Marvell

1000 I have this theory that chocolate slows down the aging process. It may not be true, but do I dare to take the chance?

J'ai cette théorie que le chocolat ralentit le processus de vieillissement. Ce n'est peut-être pas vrai, mais est-ce que j'ose prendre le risque?

Anon

1001 He was like a cock who thought the sun had risen to hear him crow.

Il était comme un coq qui croyait que le soleil s'était levé pour l'entendre chanter.

George Eliot

1002 If you love each other there's no need to talk.

Entre deux coeurs qui s'aiment pas besoin de paroles.

Marceline Desbordes-Valmore